贸易自由化对财政政策调整的影响及福利研究

The Impact and Welfare Research of Trade Liberalization on Fiscal Policy Adjustment

李　丹　著

中国科学技术大学出版社

内容简介

自20世纪下半叶以来，贸易自由化是世界经济发展的必然趋势之一，关税的不断削减影响到一个国家的对外贸易税收收入，进而促进该国包括财政政策在内的宏观经济政策的调整，因此，贸易开放过程中政府职能的发挥及其转变成为经济学界关注的一个重要问题。本书以中国这一全球最大的贸易国为研究对象，基于贸易自由化历程和财政政策实践，就贸易自由化对财政政策的调整及其福利影响问题进行实证检验，以期对贸易自由化与财政政策之间的关系有更深刻的理解，为新常态下中国的贸易开放政策和财税体制改革提供一定的理论基础和经验证据。

图书在版编目(CIP)数据

贸易自由化对财政政策调整的影响及福利研究/李丹著. —合肥：中国科学技术大学出版社，2022.12

ISBN 978-7-312-05483-9

Ⅰ. 贸…　Ⅱ. 李…　Ⅲ. 自由贸易—影响—财政政策—研究—中国　Ⅳ. F812.0

中国版本图书馆CIP数据核字(2022)第107889号

贸易自由化对财政政策调整的影响及福利研究

MAOYI ZIYOUHUA DUI CAIZHENG ZHENGCE TIAOZHENG DE YINGXIANG JI FULI YANJIU

出版　中国科学技术大学出版社
安徽省合肥市金寨路96号，230026
http://press.ustc.edu.cn
https://zgkxjsdxcbs.tmall.com

印刷　合肥华苑印刷包装有限公

发行　中国科学技术大学出版社

开本　710 mm×1000 mm　1/16

印张　9.25

字数　189千

版次　2022年12月第1版

印次　2022年12月第1次印刷

定价　50.00元

前　言

财政政策是政府调控宏观经济与社会发展的重要手段。政府通过具体的财政政策工具，如税收、财政支出等，影响着经济社会的消费、投资、产出、就业和社会福利。改革开放以来，我国政府不断推进贸易自由化，关税总水平从加入WTO前1994年的35.9%下降至2001年的15.3%，加入WTO后进一步从2002年的12%下降至2020年的7.5%。关税的逐步削减给包括中国在内的发展中国家带来了一定的挑战，因为在这些国家，对外贸易的税收收入是政府财政收入的重要来源之一。发展中国家的贸易自由化是否伴随着财政政策的调整而调整？贸易自由化促进财政政策调整的具体机制是怎么样的？贸易自由化对财政政策调整所带来的福利影响有哪些？结合中国对外贸易的发展历程和财政政策调整的经验数据，能否证明这些结论？鉴于这些问题，本书尝试就中国的贸易自由化对财政政策的调整，所产生的影响及其福利问题展开探讨与论证。

本书是安徽省高校人文社会科学重点研究项目(SK2021A0573)、安徽省高校自然科学研究重点项目(KJ2018A0391)与合肥学院人才科研基金项目(20RC57)的研究成果。本书主要限定于从税收和财政支出的财政政策工具视角，以国际贸易学、福利经济学、财政学、税收学和动态经济学等理论为依据，对贸易自由化对财政政策调整的效果进行实证分析。全书共分为8章，具体内容安排如下：

第一章是导论。对本书的研究背景与意义、研究目标和内容、研究思路与方法、可能的创新点和不足之处等方面进行了简要的说明。

第二章是基本概念与文献述评。首先指出贸易自由化、财政政策及其工具、福利等核心概念并界定研究的范畴；然后梳理贸易自由化促进财政政策调整以及贸易自由化促进财政政策调整所带来的福利水平变动的研究成果；接着将贸易自由化冲击和财政政策工具引入动态一般均衡的研究中；最后对现有文献进行简要述评。

第三章为理论基础。在梳理贸易自由化的相关理论和一般影响的基础上，分析贸易自由化促进财政政策调整的内在机理，总结影响财政政策调整的因素，即劳动力市场就业情况、物质资本投入、人力资本投入、技术进步和制度因素，指出贸易自由化主要通过这5个渠道变量来促进财政政策调整，并回顾包括资本和商品流动的开放经济模型、开放经济下的贸易余额和财政政策，构建基于动态随机一般均衡模型的微观福利分析框架。

第四章从历史事实和实证检验两个方面，验证贸易自由化是否促进了财政政策的调整。在回顾中国的贸易自由化和财政政策实践的基础上，归纳1978年以来贸易自由化促进财政政策调整的客观事实，结合中国对外贸易情况和财政收支状况的统计描述，采用ADF单位根检验、Johansen协整检验、Granger因果检验、回归分析等，基于“贸易自由化—5个渠道变量—财政政策的调整”的分析思路，探讨贸易自由化是否促进了财政政策的调整以及调整的具体路径、强度和方向。

第五章实证探讨贸易自由化对税收调整的影响。首先指出对外贸易税收在财政收入中发挥的重要作用；然后运用1994—2020年的时间序列数据，以进口关税收入、关税率、人均国内生产总值、实际汇率、进口、国内增值税、企业所得税为贸易自由化和税收政策的主要衡量指标，运用单位根检验、协整分析，建立误差修正模型，通过关税收入模型实证分析贸易自由化对税收调整的影响。

第六章分析探讨贸易自由化对财政支出调整的影响。在梳理已有文献的基础上，通过1978—2020年的时间序列数据，以贸易开放度、经济增长率、财政分权、财政支出作为指标，运用单位根检验、协整分析、VECM模型，从规模和结构两个方面分析贸易自由化对财政支出规模和内部结构变化的影响。

第七章运用DSGE模型和SVAR模型就贸易自由化对财政政策调整的福利变化进行分析和验证，并得出结论。

第八章为全书总结，指出本书的主要研究结论，提出对策建议，并进行研究展望。

目 录

第一章　导　　论

第一节　问题的提出

随着我国经济体制改革的全面深化,市场因其自身缺陷还不能由“看不见的手”自动配置,要求政府加强宏观调控,促进经济持续快速健康发展。其中,财政政策作为宏观调控的两大主要工具之一,影响着经济社会的消费、投资、产出、就业和福利。财政政策工具主要包括财政收入和财政支出。财政收入主要是税收政策,通过调整税收规模和结构,影响社会总供给,进而提高宏观调控的能力。财政支出包括经常性支出、投资性支出等,这些影响着社会需求水平和社会需求结构的变动引致微观主体投资水平和结构的变化,进而影响就业和物价水平。

改革开放以来,根据经济发展不同阶段的特征,政府实施了不同的财政政策。在1997年之前,为了应对固定资产投资高速增长和较为严重的通货膨胀,政府实施了适度从紧的财政政策。分税制改革以来,财政收入占GDP比重以及中央财政收入占全部财政收入比重逐步提高,为宏观调控提供了财力保证(张德勇,2004)。1997年亚洲金融危机期间,财政政策由“从紧”转变为“积极”。2005年,政府实施了稳健的财政政策,削减财政赤字,按照总量适度控制的要求不断调整优化财政支出结构。2008年,在全球金融危机的背景下,政府开始实行新一轮积极财政政策以防止经济增速过快下滑和经济出现大的波动。

自20世纪下半叶开始,贸易自由化已经成为世界经济最重要的趋势之一。1979年,中国也将贸易自由化提上议程,由此开启从封闭到开放、从计划向市场的历程,1992年邓小平同志“南方谈话”加快了中国改革开放的步伐,2001年中国加入WTO,大幅削减关税和降低非关税壁垒,关税税率从加入WTO前1992年的42.86%下降到2020年的7.5%,对外贸易高速发展,进出口总额从1978年的206.40亿美元上升至2020年的46559.1亿美元,中国成为全球最大的贸易国(毛其淋,2013)。贸易自由化的实施,给包括中国在内的一些发展中国家带来了一定的挑战,因为关税和进口附加税是这些发展中国家财政收入的重要来源之一,贸易自由化使得发展中国家的关税税率不断削减,对外贸易税收收入占国家税收收入总额的比重可能下降。鉴于政治以及经济方面的考虑,发展中国家需要寻求对外贸易税收削减的替代来源，因而，发展中国家的贸易自由化，通常伴随着发展中国家财政政策的调整，在财政政策工具上，主要表现为税收和财政支出等方面的调整。

第二节　研究意义

一、理论价值

福利是经济学研究的一个重要内容，本书通过研究贸易自由化对财政政策调整的作用机制、影响和福利问题，有助于丰富与完善中国对外贸易和财政与税收学理论知识。已有的研究主要考察了贸易自由化和财政政策的关系，重点分析了关税削减和国内税收改革、贸易自由化对财政政策调整的影响、关税和贸易自由化之间的关系等，在贸易自由化和财政政策宏观经济效应的分析上主要采用静态方式和简单的经验分析方法，对亚洲特别是中国缺乏深入、系统的研究，而对占国际市场份额超过10%的中国的研究，能够提供来自典型发展中国家经验研究的证据。

在贸易自由化的浪潮中，中国建立了经济特区，开放了沿海、沿江、沿边和内陆城市，顺利加入了WTO，签署了《上海合作组织成立宣言》《区域全面经济伙伴关系协定》等，成立了上海自由贸易试验区，国内外关于贸易自由化与财税领域的研究重点放在了定性分析上，贸易自由化对财政政策调整影响和福利的定量描述较少。后危机时代揭示贸易自由化对财政政策的影响及其福利，为决策制定者制定合理政策提供理论参考，由于财政政策由不同的财政工具组成，即使是同一种政策工具对宏观经济变量的反应程度和强度也有所差异，政策目标的实现与否和社会福利的变化也会有所差异，本书通过对这些问题的探究，有助于深入把握财政政策调整的背后原因，厘清贸易自由化对财政政策调整的内在机制。

二、实践意义

第二次世界大战后，世界各国特别是发达国家之间的经济交流和合作更加密切，积极扩大对外开放，不断适应国际经济形势的变化，融入经济全球化，对外贸易是连接一个国家和地区与其他国家[①]和地区的重要纽带之一。改革开放以来，中国经济逐步走向开放，贸易开放度不断提高，通过有效利用“两个市场”与“两种资

---

① 根据《国际货币基金协定》，本书所述及的“国家”为广义概念，包含通常意义上的独立经济体。

源”,弥补国内生产要素的不足,增强了中国财政体制改革和调整的内在动力。作为宏观调控的重要手段,财政政策的适度合理调整有助于维持经济平稳增长、促进产业结构调整、降低企业税费负担、加大科技创新并有效支持供给侧改革。

当前,随着国内外经济形势的不断变化,中国经济已经进入新常态,经济转型、结构调整和宏观调控面临有利机遇的同时,也遇到了一系列新的挑战。如国内经济增速放缓,国内外需求疲弱,供需失衡矛盾显著,财政收支矛盾加大等;世界经济运行态势分化,全球经济还处于深度调整期,贸易还处于收缩和负增长状态。在开放经济条件下,贸易和财政是宏观经济的重要组成部分,贸易自由化通过税收收入影响政府公共服务的提供能力。为了应对开放对国内市场造成的负面冲击,避免收入差距持续扩大,政府适时承担起了“社会安全网”的责任。贸易自由化也为税收制度创新提供了新的机遇,利用有利条件、借鉴区域贸易安排与WTO保障措施条款,有利于增强国内企业的竞争力,不断完善促进产业发展的税收政策和财政支出政策,把握中美贸易的主动权,促进外贸稳定发展。

第三节 研究内容、研究方法与结构安排

一、研究内容

本书拟在梳理贸易自由化、财政政策和福利相关理论和文献的基础上,构建反映贸易自由化和财政政策之间关系的实证模型,探究贸易自由化对财政政策调整的传导机制,反映贸易自由化冲击对税收和财政支出变动的结构向量自回归模型和动态随机一般均衡模型,从经验和实证两个方面分析中国的贸易自由化对财政政策调整的动态效应和福利影响,从而为中国制定合理有效的对外贸易和财政政策提出相应的对策建议。

本书共有8章,具体内容安排如下:

第一章是导论。阐述本书的研究背景和研究意义、研究目标和研究内容、研究思路与方法、可能的创新点和不足之处。

第二章是基本概念与文献述评。首先指出贸易自由化、财政政策及其工具、福利等核心概念并界定本书研究的范畴;然后梳理贸易自由化促进财政政策调整以及贸易自由化促进财政政策调整所带来的福利水平变动的研究成果;接着将贸易自由化冲击和财政政策工具引入动态一般均衡的研究中;最后对现有文献进行简要述评。

第三章是理论基础。在梳理贸易自由化的相关理论和一般影响的基础上,分析贸易自由化促进财政政策调整的内在机理,总结影响财政政策调整的因素,即劳

动力市场就业情况、物质资本投入、人力资本投入、技术进步和制度因素，指出贸易自由化主要通过这5个渠道变量来促进财政政策的调整，并回顾包括商品和资本流动的开放经济模型、开放经济下的贸易余额和财政政策，构建基于DSGE模型的微观福利分析框架。

第四章从历史事实和实证检验两个方面，分析并验证贸易自由化是否促进了财政政策的调整。在回顾中国的贸易自由化和财政政策实践的基础上，归纳中国1978年以来贸易自由化促进财政政策调整的客观事实，并进行中国对外贸易总体情况和财政收支状况的统计描述，采用ADF单位根检验、Johansen协整检验、Granger因果检验、回归分析等方法，基于"贸易自由化—5个渠道变量—财政政策的调整"的分析思路，探讨贸易自由化是否促进财政政策调整以及调整的具体路径、强度和方向。

第五章实证探讨贸易自由化对税收调整的影响。首先指出对外贸易税收在财政收入中发挥着重要的作用；然后运用1994—2020年的时间序列数据，以进口关税收入、关税率、人均国内生产总值、实际汇率、进口、国内增值税、企业所得税为贸易自由化和税收政策的主要指标，运用单位根检验、协整方法，建立误差修正模型，通过关税收入模型实证分析贸易自由化对税收调整的影响，并得出结论。

第六章分析探讨贸易自由化对财政支出调整的影响。在梳理已有文献的基础上，通过1978—2020年的时间序列数据，运用贸易开放度、经济增长率、财政分权、财政支出等指标，通过单位根检验、协整分析、误差修正模型等，从规模和结构两个方面来分析贸易自由化对财政支出规模和内部结构变化的影响。

第七章运用DSGE模型和SVAR模型就贸易自由化对财政政策调整的福利影响进行分析和验证，并得出结论。

第八章为全书总结，指出本书的主要研究结论，提出对策建议，并进行研究展望。

二、研究方法

（一）理论与实践相结合

本书集宏观经济学、福利经济学、国际贸易学、财政与税收等领域的知识于一体的框架下进行分析，在归纳已有研究成果的基础上，结合中国贸易自由化与财政政策调整的历史实践，建立模型，利用相关年份的统计资料和已有成果的参数校准值，就贸易自由化促进财政政策调整展开分析与论证。研究实施贸易自由化对财政政策调整的福利影响问题，以促进新常态[①]下财税协调和中国对外贸易的发展，是一个理论与实际结合很强的课题。本书试图在强调理论研究的基础上，结合疫情冲击下后危机时代的大背景以及新时期中国经济发展的实际情况，强调政策提出的针对性和实用性。

(二) 定性分析与定量分析相结合

国内外学者对贸易自由化和财政政策问题的研究，既有定性的描述，也有定量方法的分析，本书将这两者加以结合来增强解释力。为了比较直观地发现贸易自由化与财政政策之间的关系以及贸易自由化是否会促进财政政策的调整，作者在这里通过对目前国内外研究的文献述评、中国贸易自由化的发展历程、政府财政政策调整的实践以及贸易自由化促进财政政策调整的客观事实的总结，进行定性地考察，进而利用统计年鉴、专业数据库以及其他资料，通过 Johansen 协整检验、Granger 因果检验等，深入探究 1978—2020 年中国的贸易自由化对财政政策调整的作用机理和具体路径，并运用 DSGE 模型、SVAR 模型等就贸易自由化对财政政策调整的影响及福利进行数值模拟，加以检验和综合评价，为政策提出提供依据。

三、结构安排

本书财政政策的调整是指财政政策工具的调整，主要是变动财政收入和财政支出。由于本书主要专注于贸易自由化对财政政策的调整以及由此产生的福利变化问题，即主要探讨的是：贸易自由化如何影响财政政策，即如何影响税收和财政支出的调整，贸易自由化促进财政政策调整的传导路径和内在机制，由此所引致的财政政策调整对消费、投资、产出、就业和福利的影响。因此，整体上遵循“研究述评—理论基础—实证分析—研究结论”的逻辑展开，具体如图 1.1 所示。

---

① 2014 年 12 月 9 日至 11 日，中央经济工作会议在北京举行，会议从消费、投资、出口和国际收支、生产能力等九个方面全面阐释中国经济“新常态”。2014 年 APEC 会议上，习近平主席首次系统阐述了“新常态”的含义。

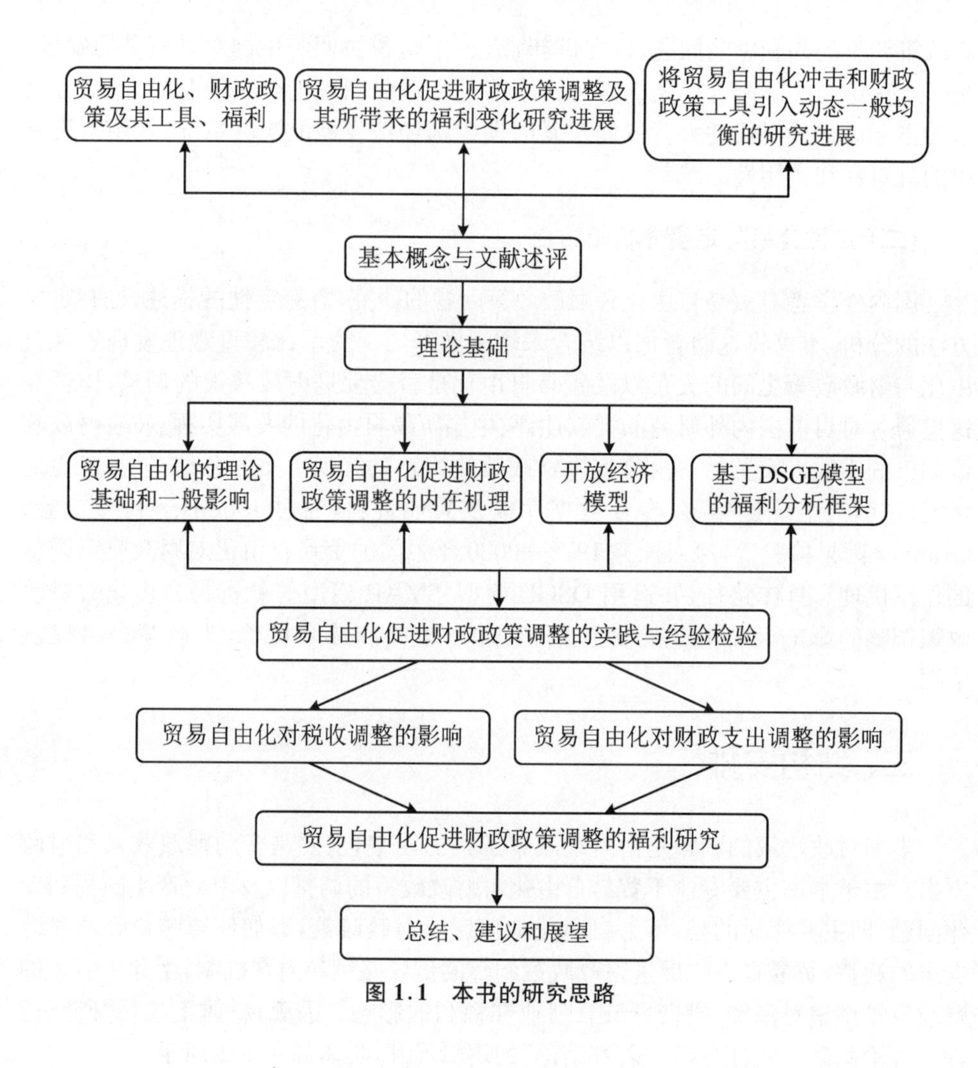

图 1.1　本书的研究思路

第四节　本书可能的边际贡献与不足之处

一、本书可能的边际贡献

本书在吸收和借鉴已有相关研究成果的基础上，力图在以下两个方面体现一定的创新：

第一，把贸易自由化与财政政策工具的调整联系起来，基于贸易、财政与税收交叉学科的一个视角，综合运用国际贸易学、财政与税收、福利经济学、动态宏观经济学等理论、思维方法与手段来实施本书的具体研究工作。当前关于贸易自由化促进财政政策调整所带来的影响和福利问题的国内外研究还处于起步阶段，相关文献较少，对于贸易自由化是否促进财政政策调整、贸易自由化如何促进财政政策调整、贸易自由化促进财政政策调整所带来的影响和福利问题方面的研究并不多见，已有文献主要分析关税削减对国内某一类税收的影响及其社会福利的变化，仅有一些关于财政政策福利问题的研究成果，这为今后贸易自由化对财政政策调整影响及其福利的研究提供了新的思路。

第二，在对贸易自由化促进财政政策调整特征事实描述的基础上，系统地阐述和分析了贸易自由化促进财政政策调整的机理。现有文献虽然有不少关于贸易自由化与财政政策调整的研究，但大多侧重于某一方面，本书尝试剖析贸易自由化影响财政政策调整的主要因素，考察贸易自由化促进财政政策调整的历史事实与内在机制，综合运用了理论与实践相结合、定性分析与定量分析相结合的方法，在贸易自由化、财政政策工具、福利经济学相关理论的基础上，基于中国贸易自由化进程和财政政策调整的大量历史经验与事实，得出贸易自由化和财政政策调整之间的关系；通过 ADF 单位根检验、Johansen 协整检验和 Granger 因果检验验证贸易自由化是否促进财政政策调整，运用回归分析考察得出贸易自由化通过劳动力市场就业情况、物质资本投入、人力资本投入、技术进步、制度因素 5 个渠道促进财政政策调整的作用强度和方向，以弥补现有研究的不足。

二、本书可能的不足之处

贸易自由化和财政政策的调整涉及的内容较广，包括进出口、关税和非关税壁垒、区域贸易自由化，以及税收收入、公债收入、国有资产收益、政府购买支出、政府转移支付等各个方面，体量较大，关系复杂。限于本书的篇幅，作者仅选取分析进出口、关税、国内税收和财政支出来进行阐释，主要分析贸易自由化对国内税收和财政支出调整的福利影响，对其他政策工具涉及不多，由此可能导致对贸易自由化和财政政策调整问题的把握不够全面和精准，这些将作为进一步深入研究的方向，留待今后弥补并加以研究探讨。

第二章　基本概念与文献述评

第一节　核心概念与研究范畴界定

一、贸易自由化

贸易自由化的理论渊源来自亚当·斯密。20世纪50年代初至70年代初，资本主义国家经济迅速发展，主要资本主义国家对外贸易实行自由化，关税水平特别是工业制成品关税大幅下降，推行进口自由化和外汇自由化。关于如何定义贸易自由化，学者们还没有形成一致意见。贸易自由化表现为多个方面，巴格瓦蒂强调贸易自由化是削减政府的干预，实行中性化政策，采用进口部门与出口部门平均激励的措施。克鲁格曼认为，因为发展中国家自身存在严重保护主义倾向，通过对进口商品或服务实行配额或许可证等数量限制，贸易自由化表现为减少政府对经济的干预，削减发展中国家数量限制的过程。按照经济合作与发展组织(OECD)的定义，"贸易自由化不仅包括削减进口的关税和非关税壁垒，还包括简化进口管理程序，削减出口关税，增加对知识产权的保护以及在服务贸易和与贸易有关的投资措施领域实现自由化(朱玉荣，2010)。"因此，开放性、中性化、政府干预弱化是贸易自由化的基本特征。广义上看，贸易自由化不仅包括商品贸易的开放和与贸易有关的投资限制的减少，还包括服务贸易领域的开放等；贸易自由化不仅体现在进口限制的减少，而且体现在出口补贴的减少直至取消补贴，政府对贸易的干预越来越少。狭义上看，贸易自由化是指一个国家政府减少对进出口的直接干预，逐步降低关税与非关税壁垒的过程(翟光，2009)。在本书中，将贸易自由化的概念界定为狭义的贸易自由化。

关于贸易自由化的衡量，学术界还没有形成一个统一的标准。到目前为止，主要有以下几种度量方法：一是贸易依存度①。它是小岛清于1950年提出来的，用贸易依存度衡量一个国家或地区与世界市场发生联系的程度，数值越大，对外贸易依

---

① 等于进出口总额除以国内生产总值(GDP)的百分比。

存度越高，对世界经济的影响越大，该指标在贸易开放的衡量中得到了广泛的应用（高小红和周茂荣，2008）。从20世纪六七十年代开始，经济学家开始对贸易依存度进行局部调整和修改，包括用购买力平价汇率计算各国GDP、在GDP中扣除非贸易性行业部分等。二是指标法。部分学者从贸易的干预或扭曲视角，选取与贸易政策有关的单一指标或综合指标来测算一个国家或地区的贸易自由化程度。其中，单一指标法，也被称为道拉斯法，通过测算商品实际价格和贸易开放下的商品价格之间的偏差来加以衡量，用公式表示为

$$Dollard = \frac{P_i^T}{E_i P_j^T} \tag{2.1}$$

式中，P_i^T 为本国的可贸易商品的价格；E_i 为本国与贸易国之间的汇率；P_j^T 为国外的可贸易商品的价格，数值偏离1越大，该国或地区的贸易自由化程度越低。综合指标法，也被称为萨克斯-瓦诺法。萨克斯和瓦诺（1995）采用平均关税率、进口非关税率、黑市交易费用、是否实行计划、主要外贸企业中是否存在国家垄断企业5个指标来判定一个国家是否是开放国家。此后，艾德沃斯（1998）在萨克斯和瓦诺5个指标的基础上将其扩充为9种指标。三是政府干预度。将关税、配额、许可证、扭曲税率等贸易限制措施综合成一个或一套扭曲指标，来衡量政策对贸易的干预程度，数值越小政府干预越少，贸易自由化程度越高。四是平均关税率。即用所有进出口商品的平均关税税率来度量贸易自由化的程度，一般包括算术平均关税税率和加权平均关税税率。

本书最终选定贸易依存度和关税税率作为贸易自由化的衡量指标，贸易依存度是目前国内外研究贸易自由化对本国经济影响时运用最广泛的指标之一。其他一些测算贸易自由化的指标还不具有实证检验性，有关变量在统计数据实践中难以具体操作，因此在本书中不予采用。

二、财政政策及其工具

现代财政政策理论建立在凯恩斯宏观经济学理论基础之上，其标志为1936年凯恩斯发表的《就业、利息和货币通论》，他在此书中强调财政政策是政府干预经济的重要手段。萨缪尔森认为，“积极的财政政策本质上是对政府税收和开支展开决策的方法，通过其财政政策来尽可能地避免经济周期波动，并尽可能地稳定无过度通货膨胀和收缩的经济制度”。中国财政学家陈共认为，“财政政策是指一个国家的政府为实现一定的宏观经济目标，而调整财政收支规模和收支平衡的指导原则及其相应的措施”。在本书中，财政政策是指中国宏观经济政策的重要组成部分，是政府以财政理论为依据，运用各种财政政策工具，来达到一定的宏观经济目标。政府通过财政政策及其工具的调整来履行社会和经济管理的职能，提高政策执行的有效性、可信性和透明度，优化资源配置，最终实现就业充分、物价稳定、经济增

长和国际收支平衡的目标。政府公共职能和宏观经济目标的实现，必须以公共财政理论为指导，通过各种具体的财政政策工具，如税收、财政支出、公债等来实现。财政政策工具，是一个国家为了实现一定时期的政策目标，履行其社会经济职能，所采取的具体手段和措施。如果没有具体的财政政策工具，财政政策的目标就无法实现。当前，中国的财政政策工具主要包括税收和财政支出。此外，还包括公债、预算、公共投资等。本书中，主要分析财政支出和税收这两种财政政策工具，即贸易自由化促进财政支出与税收政策调整所带来的福利变动，在此不详述其他财政政策工具。

税收政策是国家为执行经济和社会管理的职能，凭借其政治权力，按照法定的标准和要求，无偿地参与国民收入的分配。税收对经济运行和资源配置起着重要的调节作用。邓子基指出，通过变动税收的种类和具体税率，可以反映一个国家对具体社会经济生活的鼓励和限制，进而调节社会总供求和经济结构。中国现行税收制度共设有25个税种和8大类税收类别，从征税对象上税收可分为流转税类、所得税类、资源税类、特定目的税类、财产税类、行为税类、农业税类和关税。其中，流转税、所得税、资源税、农业税对生产和消费产生直接影响，流转税、所得税、资源税的影响最大。财政支出，也被称为政府支出、公共支出，是政府为了实现其职能在一个财政年度内所耗费的经费总和(刘志强，2006)。根据具体职能的差异，财政支出包括经济建设支出、科教文卫支出、行政管理支出等。根据支出方式的不同，财政支出可以分为购买性支出和转移性支出两大类。前者是指政府在商品市场和劳务市场上采购商品和劳务的费用支出。后者是政府为了实现推动经济发展、缩小收入差距、创造平等市场环境等目的，对财政资金在国民经济中进行二次分配。转移性支出又可以分为政府投资和政府消费。

三、福利

福利(Welfare)的概念可以追溯至19世纪，到目前为止，学术界还没有统一的定义。亚当·斯密在其《国富论》中认为福利是自由市场下的经济福利。弗雷德里克·巴师夏提出社会和谐论，认为福利为消费者剩余、生产者剩余和外在经济等的总和。1920年，庇古在其《福利经济学》中认为福利为享受或满足的心理反应。此后，卡尔多、希克斯、西托夫斯基等运用序数效用、帕累托最优、补偿效应、福利函数等来衡量福利。Samuelson等(1958)提出用消费、劳动、资本等包含多种因素的多元社会福利函数来表示福利。华裔经济学家黄有光认为，福利可以用人们主观的快乐来表示。诺贝尔经济学奖获得者Sen(1983，1984)指出，福利不能仅用最终状况如人们的最终消费和收入来判断，人们的选择过程和选择自由也与福利密切相关。Barr(2000)指出个人福利可以用收入形式反映的实物财富、金融财富和人力资本形式来衡量。Gasper(2002)指出福利是一个人所处的良好或勉强状态的评估，是一种对人的“存在”的评价，大致可以分为狭义福利和广义福利。其中，狭义福利强调福利的经济方面，广义的福利可以看作是涉及个人心理、资源、外部环境等方面的更宽泛的“幸福”或“满足”。根据本质属性的不同，可以把福利分为经济福利、社会福利和生态福利三种。其中，经济福利是福利的货币或价值的反映；社会福利是对人们的基本生活条件和社会可持续发展的综合反映；生态福利是从可持续发展的角度来衡量社会的福利水平。依据福利对象的差异，可以把福利分为个体福利和群体福利。其中，个体福利即个人福利，表示一个人的快乐或幸福感；群体福利，也称为社会成员福利，是指某个群体的福利，为群体所拥有的快乐和幸福，也称为社会福利。根据群体规模的差异，还可以进一步细分为家庭福利、国家福利等。

因此，现有文献在承认福利多元概念的基础上，根据研究对象和研究内容的具体需要，采用了不同的福利概念、分类和测度方法。大多数学者都认同福利水平可以用收入、消费、投资等指标来衡量（于安琪，2016）。宏观经济分析中关于福利的度量，通常有两种方法，一种是用福利损失函数来度量福利，该福利损失函数一般通过价格、产出等变量来构造，如 Hall 和 Mankiw（1994），Svensson（1999）等；另一种方法是通过衡量消费者的效用函数来表示福利，如 Woodford（2002），Grohe 和 Uribe（2006）等。本书拟在动态一般均衡的框架下，基于第二种方法来进行论述。

第二节　现有文献的研究进展

本节对主要的研究文献进行了综述，以了解这一领域理论和经验研究的发展轨迹，把握其发展动态，为进一步的研究提供一个起点。

一、贸易自由化促进财政政策调整的相关研究

（一）贸易自由化促进税收调整的研究

大量的理论研究表明，贸易自由化会带来政府收入的前瞻损失，贸易自由化有望通过对进出口商品加征关税和消费税来增加总的税收收入（Keen 和 Ligthart，2002，2005）。Alesina 和 Perotti（1997）认为，经济开放下的要素所有制能够通过威胁退出要求政府减少干预，政府将会通过降低税率、提高效率来吸引国际要素流入。Khattry（2003）基于 1970—1998 年 80 个工业化国家和发展中国家的面板数据，使用固定效应回归模型，表明贸易自由化过程中税收收入下降，利息支出增加，财政紧缩，这些因素也能够部分解释基础设施支出的下降。Kubota（2005）使用 27

个发展中国家的面板数据模型，指出政府的税收需要是改革的驱动力，政府可能会依赖于相对容易收取的对外贸易税，贸易自由化是税制改革不可分割的一部分。

在实证分析方面，Suliman(2005)考察了苏丹的税收制度，分析贸易自由化对政府税收收入的影响，通过 three-tier 分析法，研究得出苏丹的税收制度整体无弹性，贸易自由化并没有提高"收入生产率"和增加国家稳定，在税收征管中还面临着逃税的问题，深化税收改革有助于增加税收收入、巩固财政和保持宏观经济稳定。Pelzman 和 Shoham(2006)通过对以色列 1984—2005 年的关税自由化和国内税收改革分析，研究与贸易自由化有关的最初预算收入，将贸易税转移到国内相关税收政策执行上，主张关税和国内税改革，其他发展中国家或新兴工业化国家可以适当将这两类税收问题结合起来，关注供给侧国内税收结构，同时减少地方税并扩大税基。Neumann 等(2009)构造理论模型分析了经济开放对税收收入的影响，表明经济开放强化了国内税基对各国实际税率的反应强度。Thomas 和 Michael(2010)通过对 117 个发展中国家和新兴市场国家的面板数据，分析实施贸易自由化而损失的关税收入，政府是否已经从其他征税收入中得到补偿。研究发现，对于高收入国家，回答是肯定的；对于中等收入国家，事实表明，从长期来看，失去的关税收入与因贸易自由化获得的收益基本持平；低收入国家则表明恢复还比较脆弱。Andersen 和 Sørensen(2012)研究表明，经济开放带来产出水平和就业水平的增加，将扩大税基进而增加税收收入。Gaalya 和 Samuel(2015)使用 1994—2012 年的数据建立固定效应和随机效应模型，分析政府税收绩效的决定因素，研究表明，汇率、贸易、工业占 GDP 比重对税收绩效产生正向影响，而农业占 GDP 的比重、国外救济则对税收绩效产生负向影响。Ida 和 Nita(2016)指出发展中国家正面临着严峻的财政挑战，在过去二十多年中，各国政府为了支持贸易自由化，一直在大力削减对外贸易的税收，这给发展中经济体带来挑战，因为对外贸易的税收收入是发展中国家政府财政收入的主要来源之一。国际金融机构(International Financial Institutions ,IFIs)援助发展中国家实施各种国内税改革，来补偿由于贸易自由化所带来的收入损失，研究认为，在实施贸易改革之后，制度类型会调整 IFIs 对发展中国家援助的有效性。更具体地说，相对于贫穷的民主国家，IFIs 将更加有效地协助专制政权的国内税收，贸易开放增加了资本税。

同时，Dreher(2006)对 1970—2000 年 OECD 国家税收数据经验分析发现，贸易自由化能够引起这些国家资本税税率的提高，对劳动税和消费税的影响不大。郭杰和李涛(2009)将经济开放作为控制变量，考察地方政府间税收竞争，实证分析得出经济开放明显增加企业所得税和城建税，但是对总体税收和其他税负的影响不显著。Elida 和 Tonin(2010)分析阿尔巴尼亚贸易自由化对财政平衡的影响，将贸易自由化带来海关税收的减少与消费税税收的增加相联系，研究结果表明，海关税收的减少在总的财政收入中并不明显，这可能与增值税的改革和消费税税收的增加有关。Keen 和 Mansour(2010)认为撒哈拉以南非洲国家贸易税收入的下降已经大部分被国内资源税收入的增加所抵消。Onaran 等(2012)利用欧盟国家的数据进行实证分析,发现经济开放降低了资本税和消费税的实际税率,并提高了劳务税的税率,经济开放对税收收入的影响表现出多元性。Kim 和 Kose (2014)构建动态 CGE 模型考察发展中国家降低关税并提高消费税的福利效应。Laura、Hanna 和 Carina(2016)基于当前所得税、营业税和增值税的增长,根据 1842 年以来税收收入增加的历史数据,运用自编码数据集,检验贸易自由化对国内税收的影响,发现贸易对税收的影响不是普遍的,它取决于税收的类型,可以作为贸易税收入替代的仅是个人所得税和增值税,营业税和企业所得税主要受其他因素如支出的影响。Crivelli 和 Ernesto(2016)采用面板数据检验了 33 个转轨国家的关税是否以及在多大程度上由国内税收实际补偿,研究表明贸易自由化导致的关税损失大部分被国内税收补偿,其中增值税贡献最大,其次是个人所得税,转型国家的贸易自由化一直伴随着贸易税税收的显著减少。Duane(2016)指出自 20 世纪 80 年代初以来,伴随着全球化和贸易自由化的税收改革已经遍布全球,发展中国家的贸易自由化与贸易税收入的降低与增值税收入和所得税收入的增加有关。然而,流动资产的竞争和避税可能使企业所得税和个人所得税的征收受到限制,这给当前发展中国家追求更大的收入平等和加强公共物品供应带来了严峻的挑战。

(二) 贸易自由化促进财政支出调整的研究

财政支出方面,部分学者研究表明贸易自由化扩大财政支出。如 Rodrik (1998)认为经济开放会增加贸易集中度和贸易条件的波动性,使消费者面临更大的收入波动,政府应该筹集更多税收用于社会保障等领域。Balle 等(2002)通过美国 48 个州的数据,发现地方政府规模与贸易开放度正相关但不显著,扩大贸易开放显著增加了政府在福利和保健方面的财政支出。Ram(2009)利用 150 个国家的面板数据,分析表明对外贸易将会显著扩大政府规模。Jetter 和 Parmeter(2015)的研究结果支持 Rodrik(1998)的观点,认为经济开放度高的国家拥有更大的政府规模。国内学者杨灿明和孙群力(2008)利用 1978—2006 年 28 个省市区的面板数据,采用 GARCH 模型、面板固定效应和随机效应方法,研究得出贸易开放及其所带来的外部风险显著扩大了地方政府的规模,增加了政府在社会保障和福利方面的支出。蔡伟贤和踪家峰(2008)通过 1995—2004 年中国 27 个省市的面板数据,采用空间自回归和固定效应空间误差模型,实证分析得出贸易自由化增加政府支出及其主要构成。胡兵、陈少林和乔晶(2013)利用分税制后的省级面板数据,通过构建包括被解释变量滞后项的空间动态面板数据模型和系统 GMM 模型,考察贸易自由化对地方财政支出规模和结构的影响,研究发现,贸易开放有利于改善政府效率,控制地方政府规模膨胀,但贸易开放可能存在滞后补偿效应,导致未来政府支出规模和结构做出调整。Jetter 和 Parmeter(2015)发现,贸易开放程度高的国家倾向于拥有更大的政府规模。一些学者研究发现贸易自由化降低财政支出。如

Kaufman 等(2001)通过欧美国家数据,发现贸易开放与社会保障负相关。Rodrik(1991),Kittel 和 Winner(2005)分别利用 OECD 国家的数据,研究发现贸易开放降低了财政支出。Garret 等(2012)通过动态面板数据模型,研究发现贸易开放减少了 OECD 国家的财政支出和公共消费。

还有学者基于省市财政支出的细分层面数据,对贸易自由化对财政支出的影响进行分析。如 Alesina 等(1998)通过发达国家和发展中国家的数据,研究发现贸易开放对财政支出的影响不显著,但是正相关于公共投资。余官胜(2010)通过1978—2007 年中国 28 个省市的动态面板数据,利用广义矩方法实证考察贸易开放对财政支出规模的影响,研究发现,贸易开放对财政支出规模存在 U 型影响,当贸易开放度较低时,地区竞争压力迫使贸易开放度增加,从而减少财政支出;不断推进贸易开放后,宏观经济风险的压力加大,客观要求增加政府支出并实行反周期调控。顾昕和赵琦(2019)基于中国 1998—2016 年省级面板数据,运用空间计量模型研究发现贸易开放度对平均支出水平没有显著影响,但支出增量呈 U 型,长期能够提升教育公共支出的水平;中国大部分省份在贸易开放过程中,可能会提高教育公共支出边际增量,但不会大幅度提高其绝对水平。高凌云和毛日昇(2011)借鉴 Rodrik(1998)的研究,引入就业调整因素,结合 1995—2006 年中国 28 个省市的面板数据,通过系统 GMM 估计方法,得出贸易开放与财政支出显著相关,贸易开放提高了地方政府的投资率和转移支付效率,但是,贸易开放对不同支出细目的影响存在很大差异。李建军和王德祥(2011)基于 30 个省份 1998—2006 年的数据,采用系统 GMM 估计方法,得出开放经济条件下贸易会扩大政府对基础设施建设和文教卫等方面的支出,减少了政府对社会福利、转移支付等方面的支出。梅冬州和龚六堂(2012)的研究表明,在发展中国家与发达国家之间、一个国家的不同区域之间,贸易开放与财政支出规模之间的关系呈现出明显的差异性。毛捷等(2015)发现,贸易开放对政府规模的影响并非一成不变,不同历史时期表现出不同的影响机制。高翔和黄建忠(2016)的研究表明,贸易开放对沿海地区政府规模的抑制作用要远大于内陆地区。王立勇和祝灵秀(2019)利用中国 1993—2016 年各省财政支出周期性数据,通过状态空间模型和 PSM-DID 方法估算,得出贸易开放显著影响财政支出的周期性:贸易开放度越高,财政支出越倾向于顺周期;贸易开放对财政支出周期性的因果效应具有持续性和动态异质性,随着时间的推移,影响程度总体呈先上升后下降趋势。高慧清和张碧琼(2020)借鉴 Karras(1999)、马勇和陈雨露(2014)关于货币政策有效性的衡量方法,把中国 1996 年第一季度至 2018 年第二季度的季度数据作为样本,从产出效应(output effect)和汇率效应(exchange rate effect)两个维度,对经济开放度对政府支出作用效果的影响进行评估,认为经济开放度的提高会削弱政府支出的产出效应。

二、贸易自由化促进财政政策调整所带来福利变化的相关研究

税收方面的研究成果，如 Creedy(1998,1999)以澳大利亚为例，分析间接税的消费者剩余和生产者剩余，测算“商品和服务税”的福利问题，由于商品和服务税从本质上讲，包含了第二产业和第三产业的增值税，而中国的“营改增”改革试点实际上是将增值税推广到交通运输业和现代服务业，这具有一定的借鉴意义。张华新和林木西(2008)基于消费者剩余、进口企业和出口企业的生产者剩余、关税等建立政府部门的目标效用函数，认为 WTO 规则在推动贸易自由化的同时，也会制约政府实施财政政策的独立性，由于贸易领域的财政政策所受到的限制，非贸易领域的财政政策应该发挥更大的作用。Emran 和 Stiglitz(2005)研究发展中国家的间接税改革，发现政府削减进口关税税率的同时，增加了增值税税率，这打击了劳动者的积极性，社会福利水平下降。Keen 和 Ligthart(2005)构建了开放经济条件下的双寡头竞争模型，分析了降低进口关税和消费税的福利效应。Gaalya 和 Samuel(2015)使用 1994—2012 年的数据，通过固定效应模型和随机效应模型来分析政府税收绩效的决定因素，研究结果表明，汇率、贸易、工业占 GDP 的比重正向影响税收绩效，而农业占 GDP 的比重、国外救济对税收绩效产生负向作用，把贸易自由化系数引入贸易开放度指标，得出贸易开放对财政政策绩效产生正向影响。李建军和肖育才(2011)借鉴 Dreher(2006)、Zhu(2010)等的研究，以中国为例，选取 1999—2007 年各个省市的面板数据，得出提高经济开放度明显增加了各个地方的所得税、财产税、城建税和非税收入，从整体上来说，经济的开放会增大地方总的税收收入，地方财政中个人所得税、财产税以及非税收入所占的比重上升，城建税比重则下降。

财政支出层面，如李建军和王德祥(2011)从经济开放-财政转型的视角，在中位选民需求函数模型的基础上，构建动态空间面板地方财政支出模型，分析经济开放是否影响地方财政支出，得出经济开放对地方财政支出的作用效应多维且复杂，经济开放能够扩大地方财政支出，文化、基础设施、科教文卫等支出增加，行政管理、财政补贴和社会福利支出减少，影响的矫正效应和强化效应并存。高凌云和毛日昇(2011)借鉴 Rodrik(1998)的研究，引入就业调整成本，采用固定效应方法，在 Arellano 和 Bover(1995)，Bundell 和 Bond(1998)差分 GMM 估计的基础上提出动态系统 GMM 估计，对中国 28 个省份 1995—2006 年的面板数据进行实证分析得出，贸易开放影响财政支出，但是对不同财政支出项目的影响差异很大，这能够促进地方政府实际投资性支出、实际消费性支出和实际转移支付规模的提高。李建军和王德祥(2012)通过中国省际面板数据回归模型，实证研究表明经济开放的财政收入效应大于支出效应。陈浪南、罗融和赵旭(2016)借鉴 Chudik 和 Pesaran

(2013),采用1995—2014年33个国家的数据,构建具有一个主导单元的GVAR模型,分析财政政策对中国宏观经济的影响和跨国溢出效应,实证结果表明,随着中国贸易开放度的不断提高,中国财政政策的乘数效应不断减少,其他国家的财政扩张对中国的溢出效应不断增大。Fujiwara(2014)借鉴Keen和Ligthart(2005)的模型,探讨了国内消费税、增值税与进口关税变化对社会福利水平的影响。

财政政策层面,Cattaneo等(1999)在比较静态分析的框架下,使用CGE模型采用宏观SAM矩阵对经济情况进行模拟,评估哥斯达黎加实行单边的贸易自由化的收益,得出相关的政策建议。Kim和Kose(2014)利用小型开放经济多部门动态一般均衡模型研究贸易自由化和财政改革方案对发展中国家福利的影响,得出用消费税和劳动所得税来弥补贸易自由化所导致的关税损失,有实质性的福利收益,但是资本所得税税率的调整会带来整体税收收入的损失,贸易自由化和财政政策改革对金融市场相对开放的国家会带来更多的福利收益。Hamid等(2015)探讨了小型开放旅游经济逐步用消费税代替进口关税的影响,入境旅游存在正的关税效应,当初始关税相对于消费税较大时,间接的税制改革可以增加居民的福利水平和政府的收入。Pan和Gong(2015)将税收引入两部门标准结构转化模型,分析财政政策的短期经济效应和长期经济效应,研究发现,经济中主导部门的税收对非国有部门有效果而对国有部门的税收没有影响。长期内政府对非国有部门的征税减少了平衡增长路径的消费和资本存量,短期内非国有部门税收的永久增加促进了消费但不利于投资。通过校准模型并估计福利成本,数值模拟表明中国税收的福利成本相对于消费量降低了6%~7%;如果把非国有部门的税率降低5%,福利成本将下降1.5%;如果减少10%,福利成本将减少3%。Choiet等(2017)利用CGE模型分析了日本降低企业所得税并提高消费税的福利效应,发现日本企业所得税降低5%,将使日本的社会福利水平增加0.53%。胡文骏(2017)利用1998—2009年27个省级单位的面板数据,在联立方程模型的框架下分析财政支出、贸易开放以及两者之间可能存在的相互作用关系对收入分配的影响,得出整体上财政支出和贸易开放均显著扩大了收入差距,贸易开放能通过影响财政支出规模间接影响其收入分配效应。向洪金等(2019)采用Balistrei等(2011)的方法在Francois和Hall(2003,2007)和Krugman(1980)模型的基础上,引入税收变量,构建非线性需求函数的可计算局部均衡模型,从葡萄酒行业层面揭示税收制度改革影响产出、贸易、价格、就业以及消费者剩余与生产者剩余的内在机理。

三、将贸易自由化冲击和财政政策工具引入动态一般均衡的相关研究

(一) 将贸易自由化引入动态一般均衡的研究

在开放经济条件下，基于动态一般均衡模型框架研究宏观经济是当前主要的分析工具之一。

Uribe 等(2012)研究经济开放和主权国家过度借贷下的财政政策问题。何国华等(2013)构建开放经济条件下的新凯恩斯主义动态一般均衡模型，将消费指数[①]定义为

$$C_t = \left[(1-\varphi)^{\frac{1}{\delta}} C_{H,t}^{\frac{\delta-1}{\delta}} + \varphi^{\frac{1}{\delta}} C_{F,t}^{\frac{\delta-1}{\delta}} \right]^{\frac{\delta}{\delta-1}} \tag{2.2}$$

式中，$C_{H,t}$、$C_{F,t}$分别表示国内消费者对本国和外国产品的消费量；$\varphi \in [0,1]$，为本国的贸易开放度，是本国消费者消费的外国产品占总消费量的比重；δ 为本国产品和外国产品的替代弹性。

马勇和陈雨露(2014)构建开放经济新凯恩斯宏观经济模型，假设最终厂商在本国购买中间品 $Y_{H,t}(j)$或从外国进口中间品 $Y_{F,t}(j)$，在如下加总技术约束下实现成本最小化：

$$C_t = \left[(1-\omega)^{\frac{1}{\eta}} \left[\left[\int_0^1 Y_{H,t}(j)^{\frac{\varepsilon-1}{\varepsilon}} \mathrm{d}j \right]^{\frac{\varepsilon}{\varepsilon-1}} \right]^{\frac{\eta-1}{\eta}} + \omega^{\frac{1}{\sigma}} \left[\left[\int_0^1 Y_{F,t(j)\mathrm{d}j} \right]^{\frac{\varepsilon}{\varepsilon-1}} \right]^{\frac{\eta-1}{\eta}} \right]^{\frac{\eta}{\eta-1}} \tag{2.3}$$

式中，η 为进出口贸易的价格弹性；ε 为一个国家所生产的中间品之间的价格弹性；ω 为最终品生产中进口产品所占的比重。

最终厂商的综合价格指数为

$$P_t = \left[(1-\omega) P_{H,t}^{1-\eta} + \omega P_{F,t}^{1-\eta} \right]^{\frac{1}{1-\eta}} \tag{2.4}$$

式中，包含中间品供给、最终品厂商和政府部门的产品市场出清条件为

$$Y_t = (1-\omega)\left(\frac{P_{H,t}}{P_t}\right)^{-\eta} C_t + \omega\left(\frac{P_{H,t}^*}{P_t^*}\right)^{-\eta} C_t^* + G_t \tag{2.5}$$

式中，G_t 为政府购买；η 为贸易替代弹性系数；$P_{H,t}^*$ 为以外币表示的本国产品价格指数；C_t^* 为以外币表示的外国产品消费量。

唐琳、王云清和胡海鸥(2016)基于 Gali 和 Monacelli(2005)的小国开放经济模型，假设 C_t 为本国产品和外国进口品所构成的如下不可替代弹性(CES)函数：

---

① 此处消费指数为常替代弹性消费指数。

$$C_t = \left[(1-\alpha)^{\frac{1}{\eta}} C_{\mathrm{H},t}^{\frac{\eta-1}{\eta}} + \alpha^{\frac{1}{\eta}} C_{\mathrm{F},t}^{\frac{\eta-1}{\eta}} \right]^{\frac{\eta}{\eta-1}} \tag{2.6}$$

式中，$C_{\mathrm{H},t}$为本国产品的消费指数；$C_{\mathrm{F},t}$为外国进口产品的消费指数；η为消费替代弹性；α为消费品中外国进口产品所占的比重，可以将其理解为经济开放度指标。

基于最优化理论，消费者的最佳消费量为

$$C_{\mathrm{H},t} = (1-\alpha)\left(\frac{P_{\mathrm{H},t}}{P_t}\right)^{-\eta} C_t \tag{2.7}$$

$$C_{\mathrm{F},t} = \alpha\left(\frac{P_{\mathrm{H},t}}{P_t}\right)^{-\eta} C_t \tag{2.8}$$

式(2.7)、式(2.8)中，P_t为消费者价格指数(CPI)；$P_{\mathrm{H},t}$为本国价格指数；$P_{\mathrm{F},t}$为外国进口产品的价格指数。

Macera 和 Divino(2015)从不完全汇率传递的视角出发，依据 Gali 和 Monacelli(2005)、Monacelli(2005)的研究，建立了一个包含内部和外部价格黏性的小型开放动态一般均衡模型，参照 Obstfeld 和 Rogoff(1995)的研究，假定居民消费由本国产品和外国进口产品所组成的不变替代弹性(CES)的复合商品：

$$C_t = \left[(1-\alpha)^{\frac{1}{\eta}} (C_{\mathrm{H},t})^{\frac{\eta-1}{\eta}} + \alpha^{\frac{1}{\eta}} (C_{\mathrm{F},t})^{\frac{\eta-1}{\eta}} \right]^{\frac{\eta}{\eta-1}} \tag{2.9}$$

式中，$C_{\mathrm{H},t}$为本国产品的消费指数；$C_{\mathrm{F},t}$为外国进口产品的消费指数；$\alpha\in(0,1)$，为经济开放度指数；$\eta>1$，为本国商品和外国进口产品之间的替代弹性。由 Dixit 和 Stiglitz(1977)研究发现不变替代弹性的每一类商品的消费量为

$$C_{\mathrm{H},t} = \left[\int_0^1 C_{\mathrm{H},t}(j)^{\frac{\varepsilon-1}{\varepsilon}} \mathrm{d}j\right]^{\frac{\varepsilon}{\varepsilon-1}} \tag{2.10}$$

$$C_{\mathrm{F},t} = \left[\int_0^1 C_{i,t}(i)^{\frac{\gamma-1}{\gamma}} \mathrm{d}i\right]^{\frac{\gamma}{\gamma-1}} \tag{2.11}$$

$$C_{i,t} = \left[\int_0^1 C_{i,t}(j)^{\frac{\varepsilon-1}{\varepsilon}} \mathrm{d}j\right]^{\frac{\varepsilon}{\varepsilon-1}} \tag{2.12}$$

式(2.10)、式(2.11)、式(2.12)中，$j\in[0,1]$为产品的种类；$C_{\mathrm{H},t}$为本国产品的消费价格指数；$C_{\mathrm{F},t}$为进口产品的消费指数；$C_{i,t}$为本国所消费的从i国进口的居民消费指数；$\varepsilon>1$，为本国和外国产品生产的替代弹性系数；$\gamma>1$，为外国产品生产的替代弹性系数。

(二) 包含财政政策工具的动态一般均衡的研究

将税收引入动态一般均衡需要对消费者的预算约束和(或)厂商的利润函数进

行修改,这依赖于具体情况。现实中的税收,如一次性税收[①]、所得税、消费税、增值税等,可以采用不依赖于任何宏观经济变量的一次性固定数额的税收形式,也可以采用税率的形式。学者们在动态一般均衡模型框架下对税收的描述主要有以下4种方式:一是线性平滑税。如Correia等(2013)以一次性税收讨论在零利率情况下的财政政策效应,王文甫(2010)建立包含平滑税的中国财政政策动态一般均衡模型。二是累进税率。Guo和Lansing(1998)、Mattesini和Rossi(2012)、陈利锋(2014)、Guo等(2014)在宏观动态一般均衡模型中引入累进性税收。个人所得税、土地增值税是中国典型的累进税,销售收入的增值税、消费税也具有累进性的特征。三是考虑税收的预算软约束。四是表示为税收的比例增长模式。

财政支出工具一般被引入消费者的效用函数或厂商的生产函数中。Arrow和Kurz(1970)很早就做了这方面的研究,之后Barro(1990)、Turnovsky(1990)、Turnovsky和Fisher(1995)等也做了相关研究。一是将财政支出引入消费者效用函数。在新古典经济增长理论中,只有财政支出被认为是为消费者提供公共服务的,所有的财政支出均被视为政府的消费性支出,如Arrow和Kurz(1970)、Barro(1981,1990)、Glomn和Baier(2001)、Kosempel(2004)、Glomn(2004)等。二是将财政支出引入生产函数,认为财政支出是经济资源分配的一个方面,不影响居民的效用,如Ratner(1983)、Aschauer(1989)、Berndt和Hansson(1992)等。三是将两种财政支出,即政府消费性支出和投资性支出都引入生产函数。如Cashion(1995)、Hiroshi(1998)、Lowell和Richard(2002)等。

第三节　简要述评

一、已经取得的成果和达成的共识

目前,关于贸易自由化对财政政策的影响及其福利变化的研究取得了一些成果:

首先,自20世纪20年代福利经济学创立以来,庇古、罗宾斯、希克斯等学者从不同的视角出发,提出福利经济学的研究命题和范畴。以庇古为代表的旧福利经济学基于边际效用序数论,用国民收入的总量和分配情况来衡量福利;以卡尔多、希克斯、勒纳、西托夫斯基等为代表的新福利经济学基于序数效用论和帕累托最优,以福利标准和补偿原则来衡量福利;自柏格森、阿罗以来,福利函数是研究社会

---

① 建筑安装业等流动性强的行业,应该在实际经营地缴纳税收,一般实行委托建设单位代征的方法进行征收管理。

经济福利的新的方向和趋势。

其次，大多数学者认为贸易自由化会带来财政收入的损失，贸易自由化对税收的影响取决于税收的具体类型；贸易自由化与财政支出显著相关，贸易自由化对财政支出的影响取决于财政支出的具体用途。随着贸易自由化中关税的下降，税制的改革和调整带来了更多的福利变化。

最后，学者们基于开放经济环境，将贸易自由化冲击引入动态随机一般均衡模型分析框架中，建立包括本国产品和外国进口产品的消费函数，并设定贸易开放度系数。在分析财政政策时，学者们将具体税收如一次性税收、所得税、消费税、资本税等，以及财政支出如政府消费性支出和投资性支出等，引入到动态随机一般模型的消费函数和生产函数中。

二、现有研究的不足

国内外学者研究了贸易自由化和财政政策的相关理论，并且在实证研究中采用了不同的方法和不同国家的经验数据，检验了贸易自由化影响财政政策调整及其福利等，并得出结论。参阅上述文献后，作者发现，现有研究还存在以下几点不足：

第一，贸易自由化促进财政政策调整的机制方面的研究还不够成熟。目前国内外学者试图从国际贸易学、财政与税收等学科切入，通过 GARCH 模型、固定效应模型、随机效应模型、空间自回归、空间动态面板数据模型、系统 GMM 估计等方法得出贸易自由化影响财政政策调整的结论，但是还缺乏对贸易自由化如何影响财政政策内在机制的探讨。因各自立场和出发点的不同，这些研究成果在研究思路、研究方法以及对数据的处理和模型构造等方面也有很大的差异，结论也有所不同。

第二，传统的分析方法存在不足。现有文献大多侧重于对计量经济研究方法的分析，如面板数据回归分析、系统 GMM、CGE 模型等，在动态随机一般均衡模型框架下分析贸易自由化和财政政策之间关系的研究成果不多，结合中国实践将贸易自由化冲击引入，探究其对财政政策调整的影响，到现在为止相关研究成果还比较少。

第三，关于贸易自由化促进财政政策调整的相关研究已经形成了一些成果，但是结合福利影响方面的研究成果还比较少。现有文献，如 Arellano 和 Bover (1995)、姚明霞(2009)、陈浪南等(2016)采用 VAR 模型、GMM 模型、GVAR 模型等进行定量分析，Bhattarai(2011)、严成樑和龚六堂(2012)、王玉凤和张淑芹(2015)、黄赜琳和朱保华(2015)也基于一般均衡和内生经济增长的视角研究财政政策的福利效应，分析财政政策对消费、投资、产出、就业和社会福利的影响，而运用一般均衡的分析方法将贸易自由化和财政政策联系在一起进行探讨的成果不多。

三、需要进一步研究的问题

通过对以上文献的分析，作者发现相关研究者虽然在实证研究方面取得了一些有益的研究成果，但是现有对贸易自由化和财政政策问题的研究还存在一些争议，理论层面上，还没有形成较为完整的体系，仍有许多待解决的问题：

第一，目前对贸易自由化影响财政政策的问题，还没有得到一致的结论，更体现了贸易自由化与财政政策及其调整之间关系的复杂性，对贸易自由化如何影响财政政策及其内在机制的研究很少，需要我们更加深入地研究贸易自由化和财政政策及其调整的问题。

第二，"一般均衡"的概念最早在亚当·斯密的《国富论》中提到，瓦尔拉斯于1974年在其所著的《纯经济学的元素》进一步阐释了一般均衡的思想，自此之后一般均衡分析主要基于静态分析的框架，20世纪50年代以后，因为动态规划、Kalman滤波、自由控制工具的开发和发展，使宏观经济学动态分析成为可能。Kydland于1982年构建了第一个现代意义上的动态随机一般均衡模型，20世纪90年代以来，动态随机一般均衡模型不断发展和丰富，成为宏观经济分析的重要工具。本书尝试运用动态随机一般均衡模型分析框架，结合福利经济学和国际贸易学的相关理论，探究贸易自由化对财政政策调整的福利问题，为把握财政政策的实施效果和灵活地调整财政政策提供有所助益的思路。

第三，Woodford（2003）、Schmitt-Grohe和Uribe（2003）、Gali（2008）等基于福利标准讨论了不同政策规则的评价，此后大多数学者采用了此标准来评价不同政策的表现，通过代表性家庭偏离有效配置的效用损失来衡量福利变化。本书拟在分析贸易自由化对财政政策调整所带来的消费、私人投资、产出、就业等经济变量的动态影响的基础上，基于社会福利目标函数来考察贸易自由化对税收和财政支出的福利影响。

本章小结

贸易自由化是一个国家根据本国条件逐步消除贸易壁垒，减弱政府对贸易活动的直接干预，逐步扩大对外经济开放，从一种保护的贸易体制向自由贸易体制转变的过程。开放性、中性化、政府干预弱化等是贸易自由化的基本特征。本书使用狭义的贸易自由化概念，即一个国家政府减少对进出口的干预，逐步降低关税与非关税壁垒的过程。在度量贸易自由化以及一个国家或地区参与全球经济的程度时，本书主要采用贸易依存度来度量并进行分析。

财政政策是一个国家宏观经济政策的重要组成部分，它以财政理论为依据，运用各种财政政策工具，来达到一定的宏观经济目标。财政政策工具，是政府为了实现既定的长期或短期财政政策目标,履行其社会经济职能,所采取的具体手段和措施。当前,中国的财政政策工具主要包括税收政策、财政支出政策和公债等。本书主要分析税收和财政支出两种政策工具的调整,即贸易自由化促进税收与财政支出调整所带来的影响及其福利变动。

福利的概念可以追溯至19世纪,现有文献对福利的概念尚无统一的标准,而是在承认福利多元概念的基础上,根据研究对象和研究内容的具体需要,采用不同的福利概念、分类和定量测度方法来进行研究。本书在动态一般均衡的框架下,基于微观福利函数来进行论述。

回顾贸易自由化对财政政策调整福利影响的国内外研究成果,英国著名经济学家庇古于1920年在其《福利经济学》一书中首次创立了较为完整的福利经济学体系框架以来,经济学界在外部经济理论、次优理论、公平和效率学说、宏观福利理论等方面都涉及福利问题。Keen 和 Ligthart(2002,2005)、Thomas 和 Michael(2010)、Keen 和 Mansour(2010)等认为贸易自由化会带来政府收入的前瞻损失,贸易自由化促使国内税制的改革和调整。Lucas(1990)、Hassan 等(1996)、平新乔(2009)、严成樑和龚六堂(2012)等在福利损失测度方法、CGE 模型框架、一般均衡模型或内生增长模型等框架下分析财政政策调整的福利问题。Creedy(1998,1999)、Kim 和 Kose(2014)等学者指出贸易自由化促进财政政策变化并带来福利损益的调整。但是,现有文献中贸易自由化对财政政策调整影响机制的研究还不够成熟,并且这些研究以传统的分析方法为主,结合福利问题来研究贸易自由化促进财政政策调整的成果较少。

第三章 理论基础

第一节 贸易自由化的理论基础与一般影响

一、贸易自由化的理论基础

(一) 传统自由贸易理论

自由贸易理论是国际贸易理论的核心(Krugman,1999)。贸易自由化理论源于英国古典自由贸易理论的奠基人亚当·斯密,他在批驳重商主义理论的基础上,于1776年在其《国富论》中提出了绝对优势理论,认为各国应该集中生产并出口其具有绝对优势的产品,并进口不具有绝对优势的产品,通过交换可以增加对外贸易参与国的财富,提高劳动生产率,他提倡各个国家实行专业化分工和贸易自由化,从而开创了自由主义理论的先河。1817年,大卫·李嘉图在其《政治经济学及赋税原理》中继承了亚当·斯密的绝对优势理论,提出了比较优势理论,按照"两优取其重,两劣择其轻"的原则进行分工和交换,贸易双方都能获益,贸易自由化有了更为坚实的理论基础。20世纪二三十年代,瑞典学者埃里·赫克歇尔和波尔特尔·俄林提出要素禀赋理论,即H-O理论,它是新古典贸易理论的核心,H-O理论指出,一个国家国际贸易的比较优势由该国的要素禀赋决定,要素禀赋的差异引起不同要素禀赋的国家生产要素价格的差异,进而引起不同国家之间产品的成本差异,从而导致产品价格的不同,最终导致国际贸易的发生。根据要素禀赋组织生产并进行交换,可以增加两国的福利。20世纪40年代,萨缪尔森等学者进一步发展了H-O理论,形成Heckscher-Ohlin-Samuelson理论(即H-O-S理论),该理论把国际贸易产生的原因归结为由自然资源禀赋和供给差异形成的要素禀赋差异,丰富了古典贸易理论。

(二) 现代自由贸易理论

自H-O模型创立之后,要素禀赋理论逐步被学者们认同并广泛接受,要素禀赋理论是第二次世界大战后解释国际贸易活动的主要理论之一。同时,第二次世界大战后国际贸易规模不断扩大，产业内贸易非常活跃，各国贸易的地理方向和商品结构发生了新的变化，这些现象无法用先前的传统古典贸易理论来加以解释，一些学者纷纷提出了新的学说，来说明战后的不完全竞争、规模经济、产业内贸易等现象。20世纪六七十年代以来，随着技术的进步和世界经济的快速发展，发达国家之间的产业内贸易迅速发展，经济学家在古典贸易理论和新古典贸易理论的基础上，引入规模经济、不完全竞争等来阐释规模报酬递增下的贸易模式和贸易构成，统称为新贸易理论(刘元春和廖舒萍，2004)。如巴拉萨等学者系统地研究了欧共体内部的产业内贸易，巴拉萨和科拉维斯利用规模经济来解释第二次世界大战后发达工业化国家之间的产业内贸易现象，格林贝尔、劳埃德等在要素禀赋理论的框架下提出了产业内贸易。20世纪70年代末到80年代初，克鲁格曼、布兰德、迪克西特等经济学家引入新的产业组织理论和市场结构理论来解释产业内贸易现象，把基于规模报酬递增为基础的生产和贸易同基于要素禀赋为基础的生产和贸易区分开来，创立了产业内贸易理论，基于规模经济、不完全竞争的假设前提，用产品差异化、需求偏好相似等来说明第二次世界大战后主要发达国家之间的产业内贸易现象，将传统的比较优势理论研究大大推进了一步。林德尔在其所著的《论贸易和转变》一书中提出需求偏好相似理论，从需求层面来说明国际贸易产生的原因，他认为发达国家与发展中国家之间的垂直贸易主要由发达国家与发展中国家之间需求结构的重叠部分决定，两国之间的需求偏好越相似、重叠部分越多，发达国家与发展中国家之间双边贸易的流量和规模就越大。从20世纪70年代末开始，张伯伦从不完全竞争理论出发形成了新贸易理论，不断对传统的国际贸易理论进行补充。美国经济学家波斯纳在其所著的《国际贸易和技术变化》一书中指出国际贸易的产生和发展是由于科学技术的发明和科技创新活动的不断推广，从而导致了不同国家之间的贸易活动。各国之间的科学技术创新和变革包括两种：一种是创造发明完全新的产品或者改进现有的产品；另一种是开发一种或一些新的、更节约经济的生产现有产品的方法，这种新的方式方法能够提高劳动生产率或者要素生产率。美国经济学家弗农等开创了产品生命周期理论，该理论认为产品从开发到最终退出市场，基于生命周期一般包括4个阶段，即引入期、成长期、成熟期和衰退期，在不同阶段的产品具有不同的比较优势、技术优势、劳动力优势、资本优势等。哈佛大学商学院教授波特于1990年在其《国家竞争优势》中指出，一个国家的公司或产业在行业内如果拥有低成本优势或要素禀赋优势，就可能在该行业保持领先，即国家竞争优势。一个国家的行业、企业竞争优势受到本国生产要素现状、竞争与战略、需求状况、相关产业4个方面的影响，还包括政府和机遇两个条件，这些因素组成了一个钻石模型，不同的因素组合决定着不同国家和地区在国际贸易中能不能取得竞争优势。

(三) 自由贸易理论新发展

自20世纪80年代以来，经济学家杨小凯等运用现代数学工具创立了“超边际分析"框架[①]，把古典经济学框架下的分工思想变成决策和均衡模型，从内生化分工和专业化角度解释国际贸易中发达国家之间的贸易大大超过发展中国家之间的贸易的现象，由于分工和专业化源于《国富论》，因此杨小凯等经济学家的理论也被称为新兴古典贸易理论（杨小凯和张永生，2003）。该理论认为，若内生分工在每个人、行业甚至国家都相同，但内在的比较优势差异存在，随着社会分工的不断深化，内生比较优势的不断创造，内生专业化分工仍然可以带来相对高的劳动生产率，这也会增加交易频率和交易成本，抑制专业化分工，形成内生专业化分工与交易费用之间的两难冲突，这种两难冲突最终会产生一个基于内生比较优势或利益的最佳分工水平，即产生某种均衡的局面。基于此，一个国家对外贸易频率越低，交易成本越高，专业化分工的优势就越不能充分体现，贸易发展就会受阻；而对外贸易额越多，交易频率越高，专业化分工越高，市场规模就越大，贸易自由化就越能得到发展，专业化分工的收益利用就越充分。斯蒂格勒于1951年基于斯密定理进行深入分析，着眼于市场范围限制的分工与企业规模问题展开深入阐述。他认为随着一个国家某个产业规模的不断扩大，这个产业中生产工序里报酬递增的可能性会更多，当产业规模扩张到足够大的时候，一些专门的厂商就会来专业从事这些规模报酬递增的生产工序的生产。因此，只有当某个产业的规模足够大的时候，这个产业中的进一步分工才会产生，不断拓展的世界市场为专业分工的进一步发展提供了可能，这也正好证明了斯密的观点，国际贸易不断扩大，那些有规模报酬递增情况的工序在世界范围内被重新布局，导致了生产的国际化，许多国家参与或卷入到中间产品的生产中来。斯蒂格勒的国际分工理论能够说明为什么会出现生产活动的国际化、生产的国际分散性、贸易活动的垂直化等现象和趋势，他指出通过垂直的生产一体化或国际外包能够实现生产的国际化。

学者们解释了产业间的贸易活动和产业内的贸易活动，也有学者解释了国际中间品的贸易行为。如Andersson和Fredriksson（2000）发现随着产业内贸易的发展，近年来，在公司内贸易中，对中间产品的贸易活动和产成品的贸易活动进行区分，通过对瑞典跨国公司贸易活动的分析，认为母公司的贸易活动倾向于进行中间产品贸易活动，并且中间产品贸易在跨国公司交换活动中的比重从1970年的30%增加至1990年的90%。Hummels等（1998，2001）基于垂直专业化的概念，得出各国之间开展垂直专业化分工必须具备以下3个条件：一是一件最终产品的生产或完成，必须包括多个生产或加工环节；二是至少要有两个以上的国家参与到国际分工或产品价值链的增值环节中来；三是至少有一个国家是采用进口的中间品或投入品来生产产出品，并且要存在出口行为。在国际分工中，当参与到国际分工中的国家采用进口的中间品来生产最终品并出口时，垂直专业化就产生了。Krugman（1995）定义了产品价值增加链的概念，用这个概念来分析国家之间的垂直专业化

① 将产品的种类、厂商的数量和交易费用等纳入分析框架的分析方法。

分工问题。Hanson 等(2003)结合美国的跨国公司企业层面的微观数据,检验美国的跨国公司母公司与海外的分公司内部的中间投入品的贸易情况,分析得出当这些美国跨国公司的海外分公司的贸易成本比较低时,美国跨国公司母公司对海外分公司的中间投入品的进口需求会更大一些。

21 世纪以来,在传统自由贸易理论和现代自由贸易理论企业同质假设的基础上,基于新贸易理论的不完全竞争市场、规模经济等加入企业异质性,考察微观企业的行为,基于企业异质性分析自由贸易的原因和结果,从一个新的视角来分析贸易自由化问题。新新贸易理论包括两个分支:一是以 Antras(2003)为代表的企业内生边界理论;二是异质性企业贸易理论,以 Melitz(2003)和 Bernard 等(2003)为代表。其中,Melitz(2003)将企业生产率异质性加入 Hopenhayn(1992)的垄断竞争动态产业模型,拓展了 Krugman(1980)模型,指出贸易自由化过程中,只有那些最高生产率的企业才会出口,生产率比不上这些出口企业的就会在国内市场上销售产品,而那些生产率还达不到这些在国内销售产品生产率的企业则会被市场淘汰,这导致了同一产业不同企业市场份额的再配置,从而提高了整个行业的生产率。Bernard 等(2003)将 Bertrand 竞争模型引入到 Dornbusch 等(1977)中,建立包括不完全竞争、异质性企业等的 BEJK 贸易模型,认为只有那些生产率较高的部分企业才会去从事出口,贸易自由化会加速企业退出市场。新新贸易理论将国际贸易理论从国家和产业层面进一步引至微观企业层面的分析中,尽管这两个分支的贸易模型构建存在差异,但是它们均认为企业异质性在国际贸易中发挥着重要的作用,经行业内部的资源再配置贸易自由化行为会提高整个行业的生产率。

二、贸易自由化的一般影响

世界银行(World Bank)、国际货币基金组织(IMF)、经济合作与发展组织(OECD)分别对贸易自由化的影响提出了以下观点:

世界银行认为,一般来说,国际贸易可以使一个国家受益:首先,国际贸易允许企业进入更大的市场,消除了国内市场规模狭窄和国内需求相对较小的限制,特别是它允许企业根据全球市场的需求进行专业化生产和产品升级。其次,实践证明,对国际贸易的开放可以减少最不发达国家的贫困。最后,国际贸易可以让消费者购买廉价商品,让企业购买先进技术。东亚国家快速工业化的建立得益于从西方国家大量进口技术和设备。与此同时,世界银行还认为,贸易自由化将带来一系列变化和政策回应:如果一个国家想要从贸易中获益,就必须经历一个痛苦的调整过程,尤其是对于一个有着严格贸易保护的国家。这样,贸易类型的变化可以带来社会转型,对那些曾经在贸易保护部门工作、缺乏灵活性和工作技能的工人会产生更大的负面影响;此外,由于整个国家总体上受益于自由贸易,对于决策者来说,从保护贸易到自由贸易的过渡必须通过提高劳动力技能来实现。

IMF提出用增长战略的方法来分析贸易自由化，并得出了类似的结论：对于发展中国家来说，外向型经济比内向型经济更好。所谓内向型经济是指高关税和高的非关税壁垒，它们倾向于进口替代而不是出口促进；贸易限制和与世界市场分离的成本在以前的中央计划经济体中有充分的证明，几十年的中央计划、管理贸易导致了无效的投资和过时的资本存量；许多发达国家实施复杂的农业保护政策，这些成本极高，影响了消费、生产、就业和贸易。

OECD经过大量的研究认为，从长远来看，贸易自由化和投资自由化有利于一个国家的经济，贸易自由化影响进口和出口。低成本进口不仅可以提高消费者的福利，还可以降低国内企业的投入价格，提高企业的国际竞争力。

第二节　贸易自由化促进财政政策调整的内在机理

研究贸易自由化对财政政策调整的影响和福利，首先要分析贸易自由化是否促进财政政策调整，在此基础上，进一步分析贸易自由化对财政政策调整所带来的影响和福利变化。贸易自由化促进财政政策的调整，首先表现为贸易自由化对财政政策调整因素的影响上，然后通过对各个影响因素进而导致财政政策的调整。

一、影响财政政策调整因素的分析

（一）劳动力市场就业情况

凯恩斯在《就业、利息和货币通论》一书中指出，由于消费需求不足而导致储蓄不能全部转化为投资，最终社会投资的总需求不足而使非自愿失业存在，其存在的根本原因是“有效需求”[①]不足，缺乏足够的需求来吸纳所有的劳动力，当总需求小于总供给时，资本家无法以预期的最低价格出售商品来获利，大量商品无法出售，因为利润无法实现，资本家不得不减少生产，甚至解雇工人，导致失业人数增加。凯恩斯认为，有效需求是决定社会就业数量的关键，它是社会总供给和社会总需求相等时的社会总需求，此时市场出清。达到充分就业的唯一方法是政府扩大职能，通过财政政策扩大消费和增加投资，收入和就业倍增，提高社会就业水平。美国经济学家奥肯分析了美国经济，提出了著名的“奥肯定律”[②]，指出社会劳动力需求主要由经济增长决定，经济增长越快，劳动力需求越多，就业水平就越高，失业率越

① 此时，与社会总供给相等。
② 描述GDP变化和失业率变化之间存在的一种相当稳定的关系。

低;相反,经济增长越慢,对劳动力的需求相对越少,就业水平就越低,失业率越高。短期内,失业率与国内生产总值呈反方向比例变化的关系,失业率上升1%,实际国民收入下降2.5%;反之,失业率减少1%,实际国民收入增加2.5%。发展经济学派的刘易斯指出在农业中存在大量剩余的劳动力,实行工业化是吸纳农业中剩余劳动力的重要路径,主张政府加强现代工业建设;托达罗认为劳动力在城乡转移过程中会产生失业,城乡实际工资的差异和城市的失业率决定农村劳动力是否进入城市,要消除发展中国家的失业问题,就要依靠发展农业,不断缩小城乡差别。因此,充分就业和经济增长是一个国家政府的宏观经济目标,解决就业问题的关键在于保持经济高速增长,依靠经济增长创造更多的就业机会。

(二) 物质资本投入

凯恩斯认为市场所决定的投资不足、投资需求由资本的边际效率、市场利率的期限和风险决定。随着某种资本供给的增加,这种资本的边际效率不断降低,边际资本收益率也相应降低,导致投资需求下降,提出重点增加投资特别是公共工程投资来解决有效需求不足的问题。投资乘数理论指出,在有效需求不足、社会有一定存货时,投资可以带来数倍于投资的收入增加。哈罗德和多马提出,经济增长率取决于资本产出率和储蓄率,为了实现持续的经济增长,实际增长率应该等于有保证的增长率,即由资本家的投资意愿决定的增长率。巴罗在公共产品模型中,指出公共投资有很强的生产性,宏观经济生产函数可以表示为

$$Y = F(K(t), I_G(t)) = K(t)^{1-\partial} I_G(t)^{t} \tag{3.1}$$

式中,$K(t)$为私人资本存量;I_G 为公共投资流量;∂为产出对公共投资的弹性。

利用政府的预算限制,增长率决定方程为

$$\frac{c}{C} = [(1-I)(1-\partial)]\frac{\left(\frac{\partial}{1-\partial} - r\right)}{\partial} \tag{3.2}$$

这表明公共投资对私人投资具有正向影响效应,政府部门应该加强基础设施等投资。

(三) 人力资本投入

人力资本是人们在教育、培训、医疗保健、移民和信息等方面的投资所形成的资本。罗默的知识溢出模型指出,知识溢出导致企业的私人收益低于社会收益,如果没有政府干预,企业将减少对知识生产的投资,无论知识的积累,包括人力资本的增加、新产品的生产和产品质量的提高等,还是研发活动,均具有外溢性,知识本身也具有共用品的特征,知识和资本一样通过投资来得到,政府必须通过补贴、直接投资等,加大对企业研发的投资,以扶持这类活动,这样会促进知识积累。卢卡斯模型指出,人力资本具有外部性,没有政府干预的经济增长均衡是次优的,人力资本投资太少,政府应当对劳动所得征税,并对教育费用实施补贴。人力资本投

资，从经济学意义上说，能够为国家培养出健康的、具有特定技能的劳动者，有利于国家经济社会的稳定发展，政府有责任弥补市场调节在人力资本形成过程中的不足，满足社会公共需要，保障机会均等。

（四）技术进步

Romer（1986）和 Lucas（1988）等在其内生经济增长理论中认为，经济增长中最为关键的要素是技术进步并且一定要把技术进步这一因素内生化。罗默在经济增长中引入研究开发、不完全竞争，认为技术进步的根源在于具体针对性的研发活动、因研发活动所得到的技术成果、垄断，经济增长中技术进步是没有限制的。Arrow（1962）首先把技术进步与投资结合起来，用干中学（Learning by Doing）来解释新知识的产生。内生经济增长理论指出，要实现经济的可持续增长，最为决定作用的因素是技术进步，技术进步对财政政策更为敏感，技术与财政密切相关，财政收入的充裕与否取决于经济发展，它带来的经济增长是增加财政收入的根本途径，财政收入的增加又会反作用于经济的发展，从而促进经济的增长，经济的增长为科技的发展创造了新的动力。

（五）制度因素

制度经济学的鼻祖科斯认为即使不增加生产要素的投入，仅仅依靠制度创新，依然能够促进经济增长。制度因素是指人们为了方便合作而做出的安排（Coase，2003）。在经济增长过程中，只有制度因素才能起到最终的决定性作用，创新、资本积累、教育只是制度创新带来的经济增长的表现。这些都不能算作经济增长的原因。库兹涅茨在《现代经济增长：研究结果和意见》一书中指出，提高一个国家的生产能力应以先进技术为基础，不断调整先进技术所需的制度和意识形态。新制度经济学将制度内部化为经济分析，指出制度产生的原因是克服过高的交易成本，在国家行为、产权制度、路径依赖等理论基础上建立有关交易成本的分析体系。人们认为，对于经济发展和经济增长来说，制度和技术更为重要，是影响经济表现和经济发展的主要因素之一。

综上所述，作者归纳出影响财政政策的 5 个主要因素：劳动力市场就业情况、物质资本投入、人力资本投入、技术进步、制度因素，本书将从这 5 个因素入手，分析贸易自由化促进财政政策调整的内在机理，具体影响路径如图 3.1 所示。

二、贸易自由化对财政政策影响因素的作用机制

（一）贸易自由化的就业效应

马克思指出，社会必要劳动时间决定了单位商品的价值，一个国家的生产力越

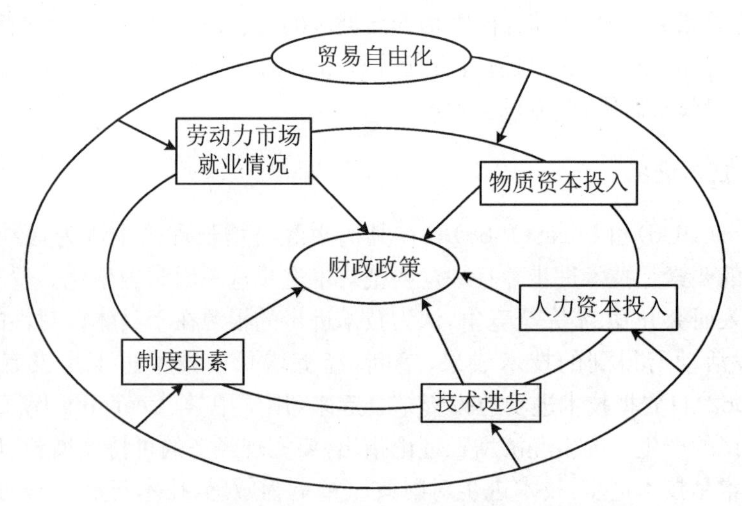

图 3.1 贸易自由化促进财政政策调整的内在机理

发达,劳动者的劳动强度越大,所形成商品的国际价值越高,在国际分工中越处于有利的地位。根据大卫·李嘉图的比较优势理论,当一个国家劳动存量固定并且没有充分利用时,社会福利和经济增长可以通过国际分工和交换得到改善,国际分工可能会导致国内失业。Stolper 和 Samuelson(1941)的 H-O-S 理论表明,在国际市场上,发达国家的劳动力成本相对较高并且稀缺,而发展中国家的劳动力成本相对较低并且丰富,发达国家与发展中国家分别生产和出口资本密集型、技术密集型和劳动密集型产品。为了应对激烈的市场竞争,发达国家会降低成本参与国际分工,从而减少国内就业机会。发展中国家劳动力比较优势得到强化,诱导劳动力队伍到劳动密集型产业中,劳动密集型产业就业机会和工资水平增加。但随着要素价格的均等化,这种增加是短暂的,如果发展中国家不能获得资本、技术上的优势而仅凭低廉的劳动力,不仅不能解决国内就业的问题,还会损害国家利益。凯恩斯以乘数理论为基础,指出出口和投资一样对就业和收入有乘数效应,能够刺激消费、增加投资,进口对国民收入则有倍减作用。李斯特在有限贸易保护理论中指出,应充分保护本国生产力,促进国内产业的就业来支持本国的工业以满足经济发展的需要。

(二) 贸易自由化的物质资本效应

经济发展中,物质资本是指在生产过程中以机器、设备等形式存在,并在生产过程中与其他生产要素相结合的生产资料形式。国际经济学中,将贸易产生的利益分为静态和动态两种,静态利益是基于亚当·斯密对分工与劳动生产率关系以及大卫·李嘉图比较优势理论对国际专业化的利益和贸易与增长关系的论述。具体表现为出口引起国内外投资的增加,使资源配置到比较优势的领域;能够专门生产和出口资本/劳动比例符合国家比较优势的产品,提高就业水平;在一定经济发展阶段,部分领域商品的进口甚至可能要比出口影响更大,因为进口能够突破国内供给的约束,获取本国相对稀缺要素生产的产品,实现要素优化配置,增强出口竞争力,促进出口贸易的发展。贸易对物质资本积累的动态利益,是贸易对社会的生产所带来的利益,表现为:一方面,通过规模效应影响资本积累,随着国内外需求的增加,贸易规模不断扩大,使用规模经济意味着贸易的总收益大于静态贸易利益,本国产品的国际竞争力不断提升;另一方面,贸易结构对资本积累也会产生影响,促进技术进步和产业升级,使贸易过程中要素之间比例关系的结构趋于由劳动密集型向资本密集型和技术密集型转换,加快资本形成和资本的进一步深化。

(三) 贸易自由化的人力资本效应

人力资本是一种比较特殊的生产要素,具有一般生产要素作为生产投入品的功能,同时,还能够被一而再、再而三地使用并不断增强,使自身的生产率得到提高;增加人力资本投资可以提高生产中使用的其他生产要素的生产率,减缓生产中物资资本边际生产率的下降趋势;人力资本也有助于技术的创新,促进技术进步和技术扩散;克拉克认为人力资本具有规模经济效应。这些人力资本的特点表明了人力资本在推动经济增长中发挥着重要作用。贸易自由化与人力资本相互作用,人力资本在一国贸易比较优势的形成和保持中起着基础性的作用,而贸易的快速发展通过教育、培训和学习等途径加速了人力资本的形成。国际贸易的动态化过程是国际贸易商品与服务资源不断优化的过程,在这一优化的过程中,人力资本逐步形成和提高,并不断强化本国的比较优势。

(四) 贸易自由化的技术进步效应

技术差距与产品生命周期理论认为,技术创新是促进对外贸易发展的主要基础之一。贸易出口国通常是技术先进的国家,只有积极推进技术创新,这些国家才能保持其适当的比较优势,进口国的市场需求信息也将促进出口国提高技术水平,推动技术创新。根据产品生命周期理论,伴随着产品出口所引致的技术扩散,进出口国之间的技术差距逐步消失,出口国在产品方面的比较优势逐渐丧失,最终成为净进口国。在这方面,出口国必须加快技术创新,开发新产品,以保持在国际市场上的优势。同时,技术领先国家出口的技术为次新的技术,但是,通过出口可以延长产品的技术生命周期,为新一轮技术创新提供资金支持。对于技术落后国家,进口可以促进国内模仿,产生技术溢出效应,促进本国技术进步,进口产品与进口竞争产品在进口国内的竞争要求进口国进行技术创新来加以应对,高技术产品进口通常伴随着各种形式的技术指导,同时,为了增进进口方对进口产品的了解,在国际贸易的磋商阶段,出口方也会在一定范围内向进口方展示产品的特性,这些均有助于将出口国的技术扩散到进口国。另外,作为最直接的技术扩散方式,技术进口意味着技术引进过程中技术存量的增加,技术进口会推动进口国克服由于技术出口国之间的技术差距而进行技术再创新活动。

(五) 贸易自由化的制度效应

经济增长总是在一定的制度安排下进行的,不同的制度安排对经济增长和各生产要素会产生不同的影响。早期的制度经济学文献主要侧重于分析需求诱导的制度变迁机制,拉坦进一步指出,制度变迁也是社会和经济行为、组织和变迁的结果。戴维·芬尼指出,相对于产品和要素价格,技术、市场规模和制度变迁成本会影响制度变迁。诺斯、托马斯指出引起经济增长的真正原因是制度,好的制度应该能够比较好地保护产权,社会中的大多数群体能够获得相对平等的机会来使用社会经济资源(Acemoglu 等,2004)。Johnson 等(2007)认为广义上的经济制度,不仅包括法律、规则和产权等,还包括各种法律、规则和产权的具体条款和政府部门的有效性。Rodrik(2000)认为,贸易改革在一定程度上导致制度变革,制度变革使政策和行为关系均发生改变,导致贸易政策和制度政策不同。Do 和 Levchenko(2009)借鉴 Melitz(2003)的研究,指出贸易开放更有利于较大规模企业的增长和扩张,大企业通过设立行业门槛等阻止新企业进入,引起制度质量下降,而小企业在贸易开放时承担较高贸易成本而使其制度力量被削弱。

第三节 开放经济模型

在实体经济中,大多数国家或地区都是开放经济体:它们都向国外出口商品和服务,同时又从国外进口商品和服务,并在国际金融市场借贷。为了理解开放经济如何运行,有必要理解衡量国家间相互作用的关键宏观经济变量。国民收入核算恒等式表明了一个关键点:国家之间的商品和服务流动总是与为资本积累提供资金的同等资金流动相匹配。开放经济模型的基本假设如下:总产出由生产要素和生产技术所决定,即 $Y=F(K,L)\Rightarrow\bar{Y}=F(\bar{K},\bar{L})$;消费取决于可支配收入,即 $C=C(Y-T)$;投资取决于实际利率,即 $I=I(r)$;开放经济体的实际利率 r 等于世界实际利率 r^*,即 $r=r^*$。

一、资本和商品的国际流动

开放经济体和封闭经济体之间的关键宏观经济差异在于,在任何特定年份,开放经济体的社会总支出不必等于社会总产出。它可以通过从国外借款,使总支出大于总产出,或者使总支出小于总产出,并将差额借给国外。为了更全面地理解这一观点,我们需要考察国民收入核算恒等式。

在开放经济条件下,国民收入核算恒等式表示为

$$Y = C + I + G + NX \tag{3.3}$$

式中,NX 表示一个国家的净出口。对上式进行重新的调整,我们可以得到以下关系

$$Y - C - G = I + NX \Rightarrow S = I + NX \Rightarrow S - I = NX \tag{3.4}$$

其中,$S - I = NX$ 表示一个开放经济体的净出口恒等于储蓄和投资额之间的差额。净出口又被称为贸易余额,$S - I$ 被称为资本净流出。$S - I = NX > 0$ 表示贸易盈余,$S - I = NX < 0$ 表示贸易赤字。

如果 $S - I = NX > 0$,则 $S > I$,国内储蓄大于国内投资的余额就被贷给了外国人;如果 $S - I = NX < 0$,则 $S < I$,国内投资大于国内储蓄的余额必须通过从国外借款融资。因此,资本净流出或者流入反映了资本积累提供资金的国际资本流动情况。

二、资本流动与世界利率

在开放经济条件下,我们不再假设储蓄和投资是通过实际利率的调整来达到均衡的。相反,我们允许开放经济体出现贸易赤字并向国外借款,或者允许开放经济体出现贸易顺差,并向国外发放贷款。假定对世界经济来说,开放经济体是世界利率的接受者。"完全资本流动"是指一个开放经济体的资本账户是完全开放的,即资本可以自由流入或流出这一开放经济体。

假设资本完全流动,开放经济体的实际利率 r 就等于世界的实际利率水平 r^*,即 $r = r^*$,在开放经济模型中,世界实际利率设置为一个给定的外生变量。在封闭经济中,国内储蓄与国内投资的均衡决定了一个国家的实际利率,同理,当我们将世界视为一个封闭的经济体时,世界储蓄与世界投资决定了世界的实际利率,而开放经济体只能被动地接受这个世界的实际利率。

三、开放经济模型下的贸易余额和财政政策

利用模型的基本假设,结合国民收入恒等式和 $NX = (Y - C - G) - I$ 及 $NX = S - I$,得到

$$NX = [\bar{Y} - C(\bar{Y} - T) - G] - I(r^*) = \bar{S} - I(r^*) \tag{3.5}$$

式中,$\bar{Y} - C(\bar{Y} - T) - G = \bar{S}$ 表明国民储蓄($\bar{S}$)取决于给定的财政政策(G 和 T);投资函数 $I(r^*)$表明投资(I)取决于世界实际利率 r^*。因此,$NX = \bar{S} - I(r^*)$表明贸易余额(NX)取决于给定的财政政策(G 和 T)和世界实际利率 r^*。

在封闭经济中,通过调整实际利率来维持国内储蓄与国内投资之间的平衡。开放经济中的实际利率由世界利率所决定,贸易余额由世界实际利率水平下的国

内储蓄与投资之间的差额所决定，即 $NX=\overline{S}-I(r^*)$。开放经济中的储蓄与投资的关系如图 3.2 所示。

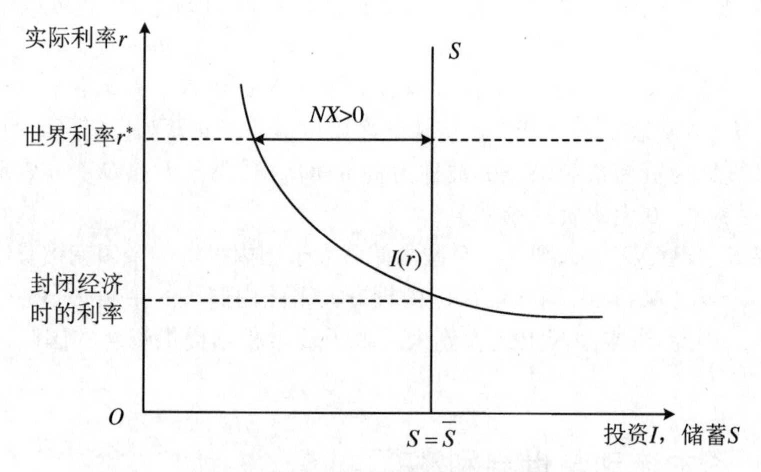

图 3.2 开放经济中的储蓄与投资

注：在封闭经济中，储蓄和投资之间的均衡是通过调整实际利率来维持的。在开放经济中，实际利率由世界金融市场所决定，而储蓄与投资之间的差额决定了贸易的平衡。

贸易差额等于资本净流出$[NX=\overline{S}-I(r^*)]$的机制是什么？资本国际流动的决定因素是：当国内储蓄小于国内投资时，投资者必须从国外借款，以弥补国内投资和国内储蓄之间的差距；当国内储蓄大于国内投资时，国内储蓄和国内投资之间的差距就会调整，这种差异是借给外国的，也就是说，资本的国际流动源于套利活动。首先，假设开放经济体处于贸易平衡状态，即在世界利率水平上 $r=r^*$，开放经济体的国内投资等于国内储蓄，贸易平衡等于零，即 $NX=\overline{S}-I(r^*)=0$。开放经济模型用于预测一个国家的政策效应，即最初处于平衡状态的开放经济将如何响应经济政策的变化。

假设一个开放经济体的政府通过增加政府购买来扩大国内总支出，那么，开放经济会发生什么变动？政府购买的增加导致国内储蓄的下降，其传导机制为 $G\uparrow\Rightarrow Y-C-G=S\downarrow$。在世界利率不变的情况下，国内投资必然保持不变，即 $r=r^*\Rightarrow I=I(r^*)$，因此，必有 $S<I(r^*)$，这时，国内投资与储蓄之间的差距必须通过国外借款来弥补。$G\uparrow\Rightarrow S\downarrow\Rightarrow S-I(r^*)=NX<0$，所以，开放经济体出现了贸易赤字。

这个逻辑同样适用于减税政策，开放经济体的政府减税导致国民储蓄下降，其传导机制为 $T\downarrow\Rightarrow(Y-T)\uparrow\Rightarrow C(Y-T)\uparrow\Rightarrow Y-C(Y-T)-G=S\downarrow$。国民储蓄减少，贸易余额下降，即 $S\downarrow\Rightarrow S-I(r^*)=NX<0$（初始状态下 $NX=0$），与增加政府购买类似，减税政策同样使开放经济体出现贸易赤字。

图 3.3 描述了由于减税而增加私人消费 $C(Y-T)$或增加政府购买 G 的财政政策减少了国民储蓄 S，即国民储蓄曲线从 S_0移动到 S_1，从而引发贸易赤字。

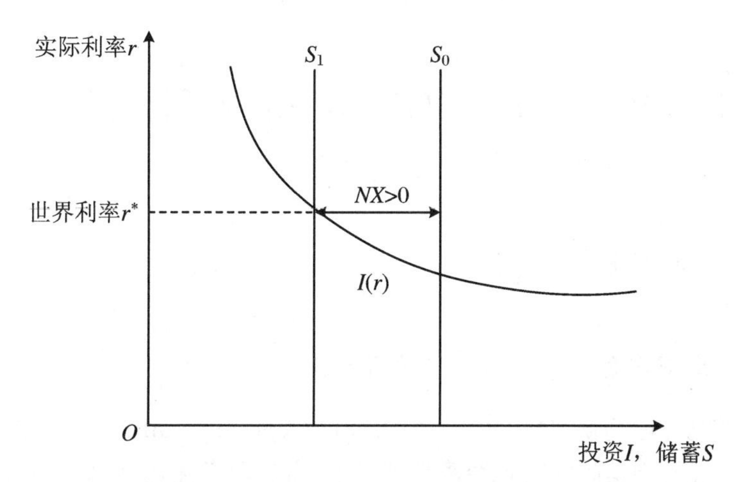

图 3.3 开放经济中的国内财政扩张效应

注：政府购买增加或者减税，降低了国民储蓄，导致国民储蓄曲线从 S_0 向左移动到 S_1，开放经济体出现了贸易赤字。

如果开放经济体的投资曲线向外移动，即投资曲线在每个利率水平上都增加，那么开放经济下投资曲线的变化如图 3.4 所示，由于储蓄不变 $I(r)\uparrow \Rightarrow S-I(r)=NX<0$，而初始状态下 $NX=0$，因此，从平衡贸易开始，投资曲线向外转移导致贸易赤字。

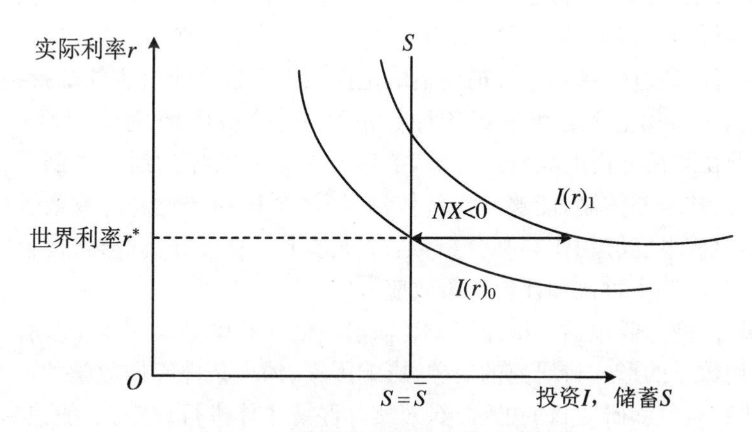

图 3.4 开放经济的投资曲线移动效应

注：当投资曲线从 $I(r)_0$ 向右移动至 $I(r)_1$ 时，增加了世界利率等于 r^* 时的投资量，因此，投资大于储蓄，这意味着开放经济体必须从国外借款，以弥补国内投资和国内储蓄之间的差距，从而导致贸易逆差。

开放经济模型表明，以贸易平衡衡量的产品和服务流动，与资本积累资金的国际流动密切相关。资本净流出等于国内储蓄和国内投资之间的差额。通过考察经济政策对国内储蓄和国内投资的影响，找出经济政策对贸易平衡的影响。增加投资或减少储蓄的政策往往导致贸易赤字；减少投资或增加储蓄的政策往往会引起贸易顺差。

第四节 基于 DSGE 模型的福利分析框架

一、DSGE 模型简介

(一) DSGE 模型的定义、特征和分析步骤

动态随机一般均衡(Dynamic Stochastic General Equilibrium,DSGE)模型,建立在微观经济学基础的宏观经济模型之上,通过动态优化,分析家庭、厂商和政府部门等的最优经济行为决策[①]。DSGE 模型在进行经济分析时,如同将经济分析安排在一个模拟设定的"实验室",通过这个实验室,能够识别在外生变量冲击下内生变量的变化或反应,进而分析和预测家庭、厂商等经济主体因外生冲击所受到的影响或福利变化等。与其他分析工具相比,它具有一些独特优势:DSGE 模型在理论上更加严谨,能够巧妙地将宏观经济理论和微观经济理论结合起来,以一般均衡为基础来描述经济主体在不确定性环境中的行为;在理论上,DSGE 模型具有一致性,每个经济主体都依据自己的偏好和约束条件做出最优化的决策行为,并且每个经济主体的行为决策都具有坚实的微观经济理论基础;DSGE 模型具有明显的结构特征,它可以通过一系列方程描述不确定性条件下各个经济主体的行为决策,并确定其结构性参数、设定和识别各种经济冲击、分析经济主体的运行机制等;DSGE 模型在政策分析上具有优越性,能够分析经济实体的运行机制等。它明确界定了偏好、技术和体制,能够对经济体制、经济结构和宏观经济政策进行有效估计和预测,该模型能够用作福利分析,通过动态化的福利分析框架、社会福利损失函数、补偿变动等来对比和评价政策效应[②]。

DSGE 模型一般包括模型设定、求解、参数估计和模型运用 4 个步骤:第一,模型设定。用数学的形式将研究的对象、影响因素、约束条件等用数学的形式反映出来,根据研究对象和研究目的的要求,对实际经济主体进行设定,一般包括家庭、厂商、政府部门等,确定各个经济主体的目标函数和约束方程,并对目标函数优化求解,同时,对经济中的技术等冲击变量进行设定,一阶自回归这些冲击变量,找出待

---

① 许多中央银行及一些公共机构已经开发了动态随机一般均衡模型作为宏观经济分析以及政策研究的基本工具,如瑞典中央银行开发的 RAMSES 模型,欧洲中央银行开发的 NAWM 模型,美联储开发的 SIGMA 模型等。

② 这部分内容主要参考 DeJong 和 Dave(2007),Sung 和 Frank(2007)、徐高和李松华(2010)以及刘斌(2010)等学者的文献。

估参数的初始值或者它们可能的分布情况。第二，对模型进行求解。分析模型的存在性、唯一性和稳定性，描述模型中各变量变化所遵循的动态路径。对于离散型时间模型，用差分法系统描述模型中各变量的变化规律。对于含期望的非线性模型，通常对系统方程进行对数线性化，将非线性系统转化为线性系统。第三，参数估计。DSGE 模型是否能够较好地拟合现实，在很大程度上还取决于模型中各个参数的取值，实证研究中，通常采用校准法来确定参数的值，当无法识别个人参数时采用极大似然法、贝叶斯估计等来确定。第四，结合 DSGE 模型来分析现实经济社会中的各种问题。通过 DSGE 模型，模拟分析技术、进出口等外部冲击对消费、投资、就业等经济变量的影响以及宏观经济下财政政策和货币政策的波动特征等。

（二）对数线性化

在分析对数线性化之前，先来定义变量对数偏离的情况：

$$\hat{X}_t = \ln\bar{X} = \ln\left(\frac{X_t}{\bar{X}}\right) = \ln\left(1 + \frac{X_t - \bar{X}}{\bar{X}}\right) \approx \frac{X_t - \bar{X}}{\bar{X}} \tag{3.6}$$

式中，$\hat{X}_t$ 为 X_t 对 $\bar{X}$ 的对数偏离，$\bar{X}$ 为变量 X_t 的稳态值。对数线性化是使原方程中的变量 X_t 以 $\hat{X}_t$ 的形式反映。

假设系统方程有如下非线性方程需要转化为线性方程：

$$X_{t+1} = f(X_t, Y_t) \tag{3.7}$$

式中，f 为一个非线性方程。根据一阶泰勒展开，可得

$$X_{t+1} \approx f(\bar{X}, \bar{Y}) + f_1(\bar{X}, \bar{Y})(X_t - \bar{X}) + f_2(\bar{X}, \bar{Y})(Y_t - \bar{Y}) \tag{3.8}$$

经济稳态时，$\bar{X} = f(\bar{X}, \bar{Y})$，则可以将式(3.8)变为

$$X_{t+1} \approx \bar{X} + f_1(\bar{X}, \bar{Y})(X_t - \bar{X}) + f_2(\bar{X}, \bar{Y})(Y_t - \bar{Y}) \tag{3.9}$$

式(3.9)两边同时除以 $\bar{X}$，得到：

$$\frac{X_{t+1}}{\bar{X}} \approx 1 + f_1(\bar{X}, \bar{Y})\frac{X_t - \bar{X}}{\bar{X}} + f_2(\bar{X}, \bar{Y})\frac{Y_t - \bar{Y}}{\bar{X}} \tag{3.10}$$

由于$\frac{X_{t+1}}{\bar{X}} = 1 + \frac{X_{t+1} - \bar{X}}{\bar{X}}$，$\hat{X}_t \approx \frac{X_t - \bar{X}}{\bar{X}}$，$\hat{Y}_t \approx \frac{Y_t - \bar{Y}}{\bar{Y}}$，式(3.10)可以变为

$$\hat{X}_{t+1} \approx f_1(\bar{X}, \bar{Y})\hat{X}_t + f_2(\bar{X}, \bar{Y})\frac{\bar{Y}}{\bar{X}}\hat{Y}_t \tag{3.11}$$

式(3.11)为非线性方程式(3.8)的对数线性化形式。

（三）模型的求解

对数线性化后，对 DSGE 模型进行求解，由于线性的 DSGE 模型有多种求解方法，如 BK 方法（Blanchard 和 Kahn，1980）、QZ 因式分解（Sims，2002）、待定系

数法(Uhlig,1999)等。其中,BK 法与 QZ 因式分解法是经济分析中最常用的求解办法。作者在本书中主要是运用 BK 方法来进行求解,所以,在这里仅对 BK 方法进行介绍[①]。

一般可以将均衡下线性化的 DSGE 模型写为

$$\boldsymbol{A}_1 E_t \hat{\boldsymbol{Z}}_{t+1} = \boldsymbol{A}_2 \hat{\boldsymbol{Z}}_t + \boldsymbol{A}_3 \hat{\boldsymbol{\varepsilon}}_t \tag{3.12}$$

式中,$\boldsymbol{A}_1$、$\boldsymbol{A}_2$、$\boldsymbol{A}_3$ 为系数矩阵,$\boldsymbol{E}_t$ 为数学期望算子;$\hat{\boldsymbol{Z}}_t$ 为 $m\times1$ 阶向量,包含线性 DSGE 模型的各个内生变量和外生变量;$\hat{\boldsymbol{\varepsilon}}_t$ 为 $n\times1$ 阶向量,是线性 DSGE 模型所施加的随机扰动项。

如果系数矩阵 $\boldsymbol{A}_1$ 可逆,则式(3.12)可以转化为

$$E_t \hat{\boldsymbol{Z}}_{t+1} = \boldsymbol{B}\hat{\boldsymbol{Z}}_t + \boldsymbol{C}\hat{\boldsymbol{\varepsilon}}_t \tag{3.13}$$

式中,$\boldsymbol{B}=\boldsymbol{A}_1^{-1}\boldsymbol{A}_2$,$\boldsymbol{C}=\boldsymbol{A}_1^{-1}\boldsymbol{A}_3$,式(3.13)为 BK 解法的标准式。$\hat{\boldsymbol{Z}}_t$ 包含前定内生变量 $\hat{\boldsymbol{Z}}_{1,t}$ 与非前定内生变量 $\hat{Z}_{2,t}$,式(3.13)也可以表示为

$$\begin{bmatrix} \hat{\boldsymbol{Z}}_{1,t+1} \\ \boldsymbol{E}_t \hat{\boldsymbol{Z}}_{2,t+1} \end{bmatrix} = \boldsymbol{B} \begin{bmatrix} \hat{\boldsymbol{Z}}_{1,t} \\ \hat{\boldsymbol{Z}}_{2,t} \end{bmatrix} + \boldsymbol{C}\hat{\boldsymbol{\varepsilon}}_t \tag{3.14}$$

对系数矩阵 $\boldsymbol{B}$ 进行 Jordan 分解,$\boldsymbol{B}=\boldsymbol{Q\Lambda Q}^{-1}$,经处理,式(3.14)变形为

$$\boldsymbol{Q}^{-1} \begin{bmatrix} \hat{\boldsymbol{Z}}_{1,t+1} \\ E_t \hat{\boldsymbol{Z}}_{2,t+1} \end{bmatrix} = \boldsymbol{\Lambda Q}^{-1} \begin{bmatrix} \hat{\boldsymbol{Z}}_{1,t} \\ \hat{\boldsymbol{Z}}_{2,t} \end{bmatrix} + \boldsymbol{D}\hat{\boldsymbol{\varepsilon}}_t \tag{3.15}$$

式中,$\boldsymbol{D}=\boldsymbol{Q}^{-1}\boldsymbol{C}$,对矩阵 $\boldsymbol{\Lambda}$、$\boldsymbol{Q}^{-1}$、$\boldsymbol{D}$ 分块处理,得到:

$$\boldsymbol{\Lambda} \begin{bmatrix} \boldsymbol{\Lambda}_1 & \\ & \boldsymbol{\Lambda}_2 \end{bmatrix}, \boldsymbol{Q}^{-1} = \begin{bmatrix} \boldsymbol{Q}_{11}^* & \boldsymbol{Q}_{12}^* \\ \boldsymbol{Q}_{21}^* & \boldsymbol{Q}_{22}^* \end{bmatrix}, \boldsymbol{D} = \begin{bmatrix} \boldsymbol{D}_1 \\ \boldsymbol{D}_2 \end{bmatrix} \tag{3.16}$$

式中,$|\boldsymbol{\Lambda}_2|>1$ 包含了系数矩阵 $\boldsymbol{B}$ 所有的非稳定特征根,$|\boldsymbol{\Lambda}_1|<1$ 包括了系数矩阵 $\boldsymbol{B}$ 的所有的稳定特征根。这样,变形式(3.15),得到:

$$\begin{bmatrix} \boldsymbol{Q}_{11}^* & \boldsymbol{Q}_{12}^* \\ \boldsymbol{Q}_{21}^* & \boldsymbol{Q}_{22}^* \end{bmatrix} \begin{bmatrix} \hat{\boldsymbol{Z}}_{1,t+1} \\ \boldsymbol{E}_t \hat{\boldsymbol{Z}}_{2,t+1} \end{bmatrix} = \begin{bmatrix} \boldsymbol{\Lambda}_1 & \\ & \boldsymbol{\Lambda}_2 \end{bmatrix} \begin{bmatrix} \boldsymbol{Q}_{11}^* & \boldsymbol{Q}_{12}^* \\ \boldsymbol{Q}_{21}^* & \boldsymbol{Q}_{22}^* \end{bmatrix} \begin{bmatrix} \hat{\boldsymbol{Z}}_{1,t} \\ \hat{\boldsymbol{Z}}_{2,t} \end{bmatrix} \begin{bmatrix} \boldsymbol{D}_1 \\ \boldsymbol{D}_2 \end{bmatrix} \hat{\boldsymbol{\varepsilon}}_t \tag{3.17}$$

假定 $\begin{bmatrix} \hat{\boldsymbol{Z}}'_{1,t+1} \\ E_t \hat{\boldsymbol{Z}}'_{2,t+1} \end{bmatrix} = \begin{bmatrix} \boldsymbol{Q}_{11}^* & \boldsymbol{Q}_{12}^* \\ \boldsymbol{Q}_{21}^* & \boldsymbol{Q}_{22}^* \end{bmatrix} \begin{bmatrix} \hat{\boldsymbol{Z}}_{1,t+1} \\ E_t \hat{\boldsymbol{Z}}_{2,t+1} \end{bmatrix}$,可以表示为

$$\begin{cases} \hat{\boldsymbol{Z}}'_{1,t+1} = \boldsymbol{Q}_{11}^* \hat{\boldsymbol{Z}}_{1,t+1} + \boldsymbol{Q}_{12}^* E_t \hat{\boldsymbol{Z}}_{2,t+1} \\ E_t \hat{\boldsymbol{Z}}'_{2,t+1} = \boldsymbol{Q}_{21}^* \hat{\boldsymbol{Z}}_{1,t+1} + \boldsymbol{Q}_{22}^* E_t \hat{\boldsymbol{Z}}_{2,t+1} \end{cases} \tag{3.18}$$

方程(3.17)变形为

---

① 关于 BK 方法的解释,也可以参考 Blanchard 和 Kahn(1980)、BeJong 和 Dave(2007)、李松华(2010)、张文犇(2014)等的文献。

$$\begin{bmatrix} \hat{Z}'_{1,t+1} \\ E_t\hat{Z}'_{2,t+1} \end{bmatrix} = \begin{bmatrix} \boldsymbol{\Lambda}_1 & \\ & \boldsymbol{\Lambda}_2 \end{bmatrix} \begin{bmatrix} \hat{Z}'_{1,t} \\ \hat{Z}'_{2,t} \end{bmatrix} + \begin{bmatrix} \boldsymbol{D}_1 \\ \boldsymbol{D}_2 \end{bmatrix} \hat{\boldsymbol{\varepsilon}}_t \tag{3.19}$$

式(3.19)等价于：

$$\begin{cases} \hat{Z}'_{1,t+1} = \boldsymbol{\Lambda}_1 \hat{Z}'_{1,t} + \boldsymbol{D}_1 \hat{\boldsymbol{\varepsilon}}_t \\ E_t\hat{Z}'_{2,t+1} = \boldsymbol{\Lambda}_2 \hat{Z}'_{2,t} + \boldsymbol{D}_2 \hat{\boldsymbol{\varepsilon}}_t \end{cases} \tag{3.20}$$

依据式(3.20)中的第二个方程，得出：

$$\hat{Z}'_{2,t} = \boldsymbol{\Lambda}_2^{-1} \hat{Z}'_{2,t+1} - \boldsymbol{\Lambda}_2^{-1} \boldsymbol{D}_2 \hat{\boldsymbol{\varepsilon}}_t \tag{3.21}$$

经过迭代处理，得出：

$$\hat{Z}'_{2,t+j} = (\boldsymbol{\Lambda}_2)^j \hat{Z}'_{2,t} + \sum_{i=0}^{j} (\boldsymbol{\Lambda}_2)^{j-1} \boldsymbol{D}_2 \hat{\boldsymbol{\varepsilon}}_{t+j} \tag{3.22}$$

已知$|\boldsymbol{\Lambda}_2|$，则式(3.22)存在唯一稳定解的条件为 $\hat{Z}'_{2,t} = \mathbf{0}$，可以推出：

$$\hat{Z}_{2,t} = -Q_{22}^{*-1} Q_{21}^{*} \hat{Z}_{1,t} \tag{3.23}$$

结合式(3.18)，可以推出：

$$\hat{Z}'_{1,t} = (Q_{11}^{*} - Q_{12}^{*} Q_{22}^{*-1} Q_{21}^{*}) \hat{Z}_{1,t} \tag{3.24}$$

将式(3.24)代入式(3.19)，得到：

$$\begin{aligned} \hat{Z}_{1,t+1} &= (Q_{11}^{*} - Q_{12}^{*} Q_{22}^{*-1} Q_{21}^{*})^{-1} \boldsymbol{\Lambda}_1 (Q_{11}^{*} - Q_{12}^{*} Q_{22}^{*-1} Q_{21}^{*}) \hat{Z}_{1,t} \\ &\quad + (Q_{11}^{*} - Q_{12}^{*} Q_{22}^{*-1} Q_{21}^{*})^{-1} \boldsymbol{D}_1 \hat{\boldsymbol{\varepsilon}}_t \end{aligned} \tag{3.25}$$

式(3.24)和式(3.25)为线性 DSGE 模型的数值求解。

Blanchard 和 Kahn(1980)对于 BK 法中解的唯一性判断标准如下：当系数矩阵 $\boldsymbol{B}$ 的非稳定特征根个数大于非前定变量个数的时候，此 DSGE 模型没有解；当系数矩阵 $\boldsymbol{B}$ 非稳定特征根的个数等于非前定变量的个数时，存在唯一解；当非稳定特征根的个数小于前定变量的个数时，此 DSGE 模型有无穷多个解。

（四）参数的确定

DSGE 模型中的参数包括反映模型稳态特征和动态特征的参数，并有两大类型的参数，第一类参数通常采用校准法来确定，第二类参数由估计方法来确定。后者又包括广义矩方法、极大似然法、模拟矩方法、贝叶斯方法等。本书主要涉及校准法和极大似然估计，这里对这两种方法做简要介绍。

Kydland 和 Prescott(1982)首先将校准的方法引入到宏观经济的分析之中，校准的方法使用参数化结构模型来预先模拟实际经济，而不是估计与测试，它是在数据样本很少或数据较难获取时，较多采用的一种估计方法（刘斌，2010）[①]。其基本思路是使用实际统计数据、历史观察或经济中的定量关系等来确定 DSGE 模型中

① 校准法也可参考 Kydland 和 Prescott(1982)、DeJong 和 Dave(2007)等。

的有关参数的校准值，该方法常用来确定模型稳态下的各种参数，在模型动态特征下的参数也可以被使用，但不占优势。

极大似然估计方法的具体操作包括以下 4 个步骤：第一步，将 DSGE 模型系统方程用其前定变量写入状态方程里面；第二步，将模型改写成状态空间的形式，即在第一步所得到的状态方程后面加上观测变量，将两者结合起来；第三步，结合预先给定的模型外生随机冲击的分布形态，通常假设外生随机冲击服从均值为 0、协方差稳定的白噪声正态分布，利用空间 Kalman 滤波得到参数的似然函数；第四步，最大化似然函数，最后得到参数值。Kalman 滤波是对所观测的变量集 $X \equiv \{X_t\}_{t=1}^{T}$，假定历史的信息 $X^{t-1} \equiv \{X_i\}_{i=1}^{t-1}$，运用迭代的方法得出第 t 期观测值 X_t 的似然函数的估算值。

二、DSGE 模型下微观福利的度量方法

福利是宏观经济学研究的重要方面，基于 DSGE 模型框架测算福利的变化，目前主要采用两种方法来构建福利指标：一是社会福利损失，如 Woodford(2003)和 Gali(2008)；二是补偿变化(Compensation Variation，CV)，如 Schmitt-Grohe 和 Uribe(2003)。

(一) 社会福利损失

参照 Gali 和 Monacelli(2005)、Gali(2008)，福利损失函数 W 被定义为稳态消费的一小部分或与政策无关的附加项，即：

$$W \equiv \sum_{t=0}^{\infty} \beta^t \left(\frac{U_t - U}{U_C C} \right) \tag{3.26}$$

式中，$U \equiv U(C, L)$，$U_C \equiv U_C(C, L)$，C、L 分别表示稳态时的消费、劳动，$U_t \equiv U(C_t, L_t)$；期望福利损失 $\frac{U_t - U}{U_C C}$ 的分子为偏离稳态的效用值，然后除以边际效用和稳态消费。其推导如下：

假设消费函数为

$$U(C_t, L_t) = \frac{C_t^{1-\sigma} - 1}{1 - \sigma} - \Psi \frac{N_t^{1+\phi}}{1 + \phi}, \quad \sigma, \phi, \Psi \geqslant 0 \tag{3.27}$$

在稳态附近可以得出效用的近似值，通常采用对数形式来表示：

$$\begin{aligned} \frac{Z_t - Z}{Z} &= \exp\left(\log \frac{Z_t}{Z} \right) - 1 = \exp(z_t - z) - 1 \\ &\cong z_t - z + \frac{1}{2}(z_t - z)^2 = \tilde{z}_t + \frac{1}{2} \tilde{z}_t^2 \end{aligned} \tag{3.28}$$

式中，Z 为 Z_t 的稳态值，且 $z = \log Z$，$z_t = \log Z_t$。

在稳态值(C, L)附近对 U_t 进行 Taylor 展开，得到：

$$U(C_t,L_t)=U(C,L)+U_CC\cdot\left(\frac{C_t-C}{C}\right)+U_NN\cdot\left(\frac{N_t-N}{N}\right)$$
$$+\frac{U_{CC}}{2}C^2\cdot\left(\frac{C_t-C}{C}\right)^2+\frac{U_{LL}}{2}L^2\cdot\left(\frac{L_t-L}{L}\right)^2$$
$$+U_{CL}CL\cdot\left(\frac{C_t-C}{C}\frac{L_t-L}{L}\right) \tag{3.29}$$

再利用式(3.28),二次项的交互项为

$$U(C_t,L_t)=U(C,L)+U_CC\cdot\left(\hat{c}_t+\frac{(\hat{c}_t)^2}{2}\right)+U_LL\cdot\left(\hat{l}_t+\frac{(\hat{l}_t)^2}{2}\right)$$
$$+\frac{U_{CC}}{2}C^2\cdot(\hat{c}_t)^2+\frac{U_{LL}}{2}L^2\cdot(\hat{l}_t)^2+U_{CL}CL\cdot(\hat{c}_t\hat{l}_t) \tag{3.30}$$

进一步化简为

$$U_t-U=\left(\hat{c}_t+\frac{1-\sigma}{2}(\hat{c}_t)^2\right)-L^{1+\varphi}\left(\hat{l}_t+\frac{1+\varphi}{2}(\hat{l}_t)^2\right) \tag{3.31}$$
$$=\hat{c}_t-L^{1+\varphi}\left(\hat{l}_t+\frac{1+\varphi}{2}(\hat{l}_t)^2\right) \tag{3.32}$$
$$=\hat{c}_t-(1-\alpha)\left(\hat{l}_t+\frac{1+\varphi}{2}(\hat{l}_t)^2\right) \tag{3.33}$$

式中,$\sigma\equiv-\frac{U_{CC}}{U_C}C,\varphi=\frac{U_{LL}}{U_L}L,U_C=\frac{1}{C},U_N=-N^{\varphi}$ 且 $U_{CN}=0$。当 $\sigma=1$ 时,等式(3.32)成立。当 $L^{1+\varphi}=1-\alpha$ 时,等式(3.33)成立(Gali,2008)。

由以上可以得到二阶近似的消费和劳动。为了分析产出和国内通胀的福利损失函数,需要进行一些测算。

第一,替代消费 $\hat{c}_t$,根据方程:$c_t=c_t^*+\frac{1-\alpha}{\sigma}s_t$,$Y_t=C_tS_t^{\alpha}$ 取对数得到:$y_t=c_t+\alpha s_t$,$y_t^*=c_t^*$,可以得出:$\sigma=0$ 时,$c_t=(1-\alpha)y_t+\alpha y_t^*$。如果世界产出给定,可以得到:

$$\hat{c}_t=(1-\alpha)\hat{y}_t \tag{3.34}$$

第二,替代劳动 $\hat{l}_t$,假设总的就业量为

$$L_t\equiv\frac{Y_t}{A_t}\int_0^1\left(\frac{P_{H,t}(i)}{P_{H,t}}\right)^{-\varepsilon}\mathrm{d}i \tag{3.35}$$

价格演变规律为

$$1=\int_0^1\left(\frac{P_{H,t}(i)}{P_{H,t}}\right)^{1-\varepsilon}\mathrm{d}i \tag{3.36}$$

由 $Y_t(i)=A_tL_t(i)$,$Y_t=\left(\int_0^1Y_t(i)^{1-\frac{1}{\varepsilon}}\mathrm{d}i\right)^{\frac{\varepsilon}{\varepsilon-1}}$,$Y_t(i)=\left(\frac{P_{H,t}(i)}{P_{H,t}}\right)^{-\varepsilon}Y_t$,在总就业两边取对数,得到:

$$\hat{l}_t\approx\hat{y}_t+d_t \tag{3.37}$$

式中，$d_t = \log\int_0^1 \left(\frac{P_{H,t}(i)}{P_{H,t}}\right)^{-\varepsilon} \mathrm{d}i$，$\hat{y}_t = y_t - y_t^n$，参照 Gali 和 Monacelli(2005)，二阶近似为

$$d_t = \frac{\varepsilon}{2}\mathrm{var}(p_{H,t}(i)) \tag{3.38}$$

$$\sum_{t=0}^{\infty}\beta^t \mathrm{var}(p_{H,t}(i)) = \frac{1}{\lambda}\sum_{t=0}^{\infty}\beta^t \pi_{H,t}^2 \tag{3.39}$$

式中，$\lambda = \frac{(1-\beta\theta)(1-\theta)}{\theta}$，由式(3.33)、式(3.34)、式(3.37)得

$$U_t - U = -(1-\alpha)\left(d_t + \frac{1+\varphi}{2}\hat{y}_t^2\right)$$

代入式(3.38)、式(3.39)得

$$W = \sum_{t=0}^{\infty}\beta^t\left(\frac{U_t - U}{U_C C}\right) = -\frac{1-\alpha}{2}\sum_{t=0}^{\infty}\beta^t\left(\frac{\varepsilon}{\lambda}\pi_{H,t}^2 + (1+\varphi)\hat{y}_t^2\right) \tag{3.40}$$

以上福利损失函数可以写成递归形式，任何期望福利损失偏离严格目标膨胀的政策通常用方差形式表示：

$$V = -\frac{1-\alpha}{2}\left(\frac{\varepsilon}{\lambda}\mathrm{var}(\pi_{H,t}) + (1+\varphi)\mathrm{var}(\hat{y}_t)\right) \tag{3.41}$$

(二) 补偿变化

补偿变化通常有两种方式，即无条件的补偿变化和有条件的补偿变化。无条件的补偿变化通过价值函数的无条件期望来测算福利，从而能够给出较长时期内的福利差异。当比较不同制度或政策的福利时，通常的方式不是计算福利水平而是计算补偿变化，有条件的补偿变化是在状态空间上的某些点如稳态值上进行评估。当变量的选择在鞍点路径上时，家庭的福利用个人一生效用的贴现值来表示，该问题可以写成 Bellman 方程的递归形式：

$$W(A_t, K_t) = \max_{C_t, N_t, K_{t+1}} U(C_t, N_t) + \beta E_t W(A_{t+1}, K_{t+1}) \tag{3.42}$$

$$\text{s.t. } C_t + K_{t+1} - (1-\delta)K_t \leqslant A_t K_t^{\alpha} N_t^{1-\alpha} \tag{3.43}$$

上述问题的最优条件为

$$U_C(C_t, N_t) = \beta E_t\left(U_C(C_{t+1}, N_{t+1})\left(\alpha A_{t+1}\left(\frac{K_{t+1}}{N_{t+1}}\right)^{\alpha-1} + (1-\delta)\right)\right) \tag{3.44}$$

$$U_N(C_t, N_t) = U_C(C_t, N_t)(1-\alpha)A_t\left(\frac{K_t}{N_t}\right)^{\alpha} \tag{3.45}$$

$$W_t = U(C_t, N_t) + \beta E_t W_{t+1} \tag{3.46}$$

$$K_{t+1} = A_t K_t^{\alpha} N_t^{1-\alpha} - C_t + (1-\delta)K_t \tag{3.47}$$

$$A_t = (1-\rho) + \rho A_{t-1} + \sigma_i \varepsilon_t \tag{3.48}$$

式(3.46)中，W_t 为所有选择变量为最优时的福利。式(3.48)中的 σ_i 取两个不同的值表示两种不同的制度形式，我们将比较两种制度并计算补偿变化的福利值。

条件期望下的福利值 $W_i(A_t,K_t)$ 是基于最优的消费 $\widetilde{C}_t$ 和劳动 $\widetilde{N}_t$ 的期望效用的折现值。

$$W_i(A_t,K_t) = E_t\sum_{j=0}^{\infty}\beta^j U(\widetilde{C}_{t+j},\widetilde{N}_{t+j}),\quad i = h,l \tag{3.49}$$

式中，i 代表不同的经济形态。当 $i=h$ 时，代表高波动性的制度；当 $i=l$ 时，代表低波动性的制度。一个特定制度的预期福利为

$$E(W_i(A_t,K_t)) = E\sum_{j=0}^{\infty}\beta^j U((1+\lambda)\widetilde{C}_{i,t+j},\widetilde{N}_{i,t+j}) \tag{3.50}$$

三、建立和求解 DSGE 模型的技术手段

从理论上讲，任何一种编程语言基本都能够完成对 DSGE 模型系统方程的求解，但编程难度较大，运行容易报错，运用既有的数学类软件，相对较为方便，因为一些既有的数学类软件内嵌了 DSGE 模型求解所需要的算法和基本函数形式，基本不需要研究者或编程人员自己单独进行基本的编程操作，因此，本书基于Matlab 平台，运用 Dynare 软件包进行分析。Matlab 是一种比较主流的处理方法，可以直接在 Matlab 下编程求解，对模型主程序、生成对数似然函数、BK 求解、Kalman 滤波和参数进行模拟分析。由于可以利用 Matlab 平台进行 DSGE 模型的直接编程，而各研究者或编程人员对每一个代码的理解不尽相同，编写的具体模型也多种多样且有一定难度。相对而言，Dynare 软件操作较为简单，不需了解求解过程的过多细节，有利于对模型进行对比、分析和政策层面的研究。Dynare 由 Cepremap 研发，通过配置到 Matlab 或 Octave 平台来运行，用于求解和模拟分析 DSGE 模型和 OLG 类模型的软件包。Dynare 代码主要用于处理理性预期模型、具有完全可预见性的模型，预期是通过不断学习的过程来完成的模型等，通过运行 mod 文件，mod 文本编辑较为方便，因此，Dynare 软件包在当前 DSGE 模型分析中运用较为广泛。

本章小结

自由贸易理论是国际贸易理论的核心，传统自由贸易理论、现代自由贸易理论和自由贸易理论的新发展均认为贸易自由化可以使对外贸易参与国获益，提高劳动生产率和要素生产率。世界银行认为贸易自由化会带来一系列变化和政策反应。国际货币基金组织认为对于发展中国家来说，外向型经济要优于内向型经济。经济合作与发展组织认为贸易自由化既可以提高消费者的福利，还可以降低国内企业的投入品价格，提高企业的国际竞争力。

通过对影响财政政策调整的因素以及贸易自由化对财政政策影响因素的作用

机制相关文献的梳理，得出劳动力市场就业情况、物质资本投入、人力资本投入、技术进步、制度因素5个因素影响财政政策，而贸易自由化具有就业效应、物质资本效应、人力资本效应、技术进步效应和制度效应，贸易自由化促进财政政策调整的机制可以通过"贸易自由化—5个渠道变量—财政政策的调整"的影响路径来进行分析。

开放经济下，一个开放经济体的净出口总是等于其储蓄和投资之间的差额，如果净流出为正，则国内储蓄就大于国内投资；如果净流出为负，则投资大于储蓄。开放经济中的实际利率由世界利率决定，而贸易平衡则由国内储蓄和投资在世界实际利率水平上的差异决定。以贸易差额衡量的商品和服务流动与用于资本积累的国际资金流动密切相关。资本净流出等于国内储蓄和国内投资之间的差额。通过考察经济政策对国内储蓄和国内投资的影响，找出经济政策对贸易平衡的影响。增加投资或者减少储蓄的政策往往导致贸易赤字；减少投资或者增加储蓄的政策往往导致贸易顺差。

DSGE模型在经济分析时，如同将经济分析安排在一个模拟设定的"实验室"，通过这个实验室，能够识别出在外生变量冲击下内生变量的变化或反应，进而分析和预测家庭、厂商等经济主体因外生冲击所受到的影响或福利变化等，一般包括设定模型、求解、参数估计和模型运用4个步骤。目前，主要采用两种方法来构建福利指标：一是社会福利损失函数，如Woodford（2003）、Gali（2008）；二是补偿变化（Compensation Variation，CV），如Schmitt-Grohe和Uribe（2003）。本书基于Matlab平台，运行Dynare软件包进行实证研究。

第四章　贸易自由化促进财政政策调整的实践与经验检验

第一节　贸易自由化促进财政政策调整的演化分析

一、中国的贸易自由化与财政政策调整回顾

根据盛斌(2002)、裴长洪(2019)以及中国外贸体制改革的实际情况,可以将过去40多年中国贸易自由化进程的演进分为以下6个阶段:第一阶段是1980年以前的计划经济体制下的进口替代战略,逐步放开外贸经营权、核定商品目录和外汇管制等严格的贸易控制措施。第二阶段是1980—1983年的进口替代与边际出口导向战略。中国自1979年开始对高度集中的计划经济体制进行全面改革,此时贸易自由化已经被中央政府提上日程,并在1980年提出设立4个经济特区,即深圳、珠海、汕头、厦门,下放外贸经营权,试行外汇留成制度和汇率双轨。第三阶段是1984—1990年以出口促进抵消进口替代导向,进一步扩大外贸经营权,推广外汇留成制度,鼓励"三来一补",扩大出口信贷,全面恢复进口许可证等,中国与世界市场的联系越来越紧密,对外贸易额呈现出持续快速增长的势头。第四阶段是1991—1993年出口促进与边境贸易自由化。1992年,邓小平同志视察武昌、深圳等地并发表讲话,自此中国逐渐展开全方位、深层次的贸易自由化,有条不紊地融入经济全球化浪潮,这一时期政府所采取的主要措施包括关税的削减、非关税壁垒的降低或撤销,中国外贸逐步实现从以扩大出口为主的出口导向战略向以改革进口体制为主的进口贸易自由化转化。第五阶段是1994—2001年入世进程中的贸易自由化时期。在此阶段,关税和非关税壁垒被中央政府削减数次,平均加权关税税率从1994年的35.9%下降到2001年的15.3%,补贴、直接数量限制等非关税壁垒所涉及商品的范围从1994年的50%降低到2001年的17%(霍尚一,2008)。另外,进口环节和流程进一步简化,人民币实施经常项目自由兑换,给予一大批企业自营进出口权,对外贸易和利用外资均得到了迅速增长,依据GATT/WTO规则完善中国涉外法律体系。第六阶段是中国2001年加入WTO以后的贸易自由化,全面履行入世承诺,逐步降低进口关税税率,减少进口许可证、进口配额、进口

招标以及外汇管制、技术检验标准等非关税壁垒，逐步地全面放开对外贸易经营权，大幅度降低了外贸准入门槛，从而开启了贸易自由化的新时代。

为了确保中国经济的持续稳定增长，随着客观经济形势的变化，财政风险不断累积，经济健康发展的潜在威胁加剧，有必要运用税收、公债、转移支付和财政支出等工具，及时调整财政政策调控的方式、方法和重点，依靠政府解决市场失灵的问题，从而保证经济活动的顺利运行。改革开放以来，随着计划经济体制逐步向市场经济体制过渡，中国的财政政策也经历了一系列的变化。由于社会总供给相对缺乏和市场物价水平迅速上升，中国政府采取了适度从紧的财政政策，出台了"16条"来遏制投资的过热，大胆地进行体制改革，遏制宽松的财政状况，提高财政收入增长速度，控制财政赤字的规模。在随后的1996—2005年，1997年7月，亚洲金融危机在泰国爆发并迅速蔓延到东南亚许多国家和地区，中国的对外贸易也受到了这次金融危机的重创，外部需求迅速下降，而国内产业结构不合理，低水平产品过多、高科技产品严重不足，亚洲金融危机对中国经济的影响被扩大，经济过热的趋势放缓，经济从供给不足转变为有效需求不足，为了扩大需求，国家实施了积极的财政政策[①]，新增国债1000亿元，加强基础设施建设，1999年财政赤字达到国内生产总值的3.7%，继续推进国有企业改革。此外，还通过税收、加强社会保障体系建设、加大对农村地区财政投入、增加科教文卫投入，来推动产业结构的优化和整体经济的健康持续增长。2005年之后，中国宏观经济发展态势良好，经济增长的内生性和市场主导型增强，进一步加强了政府宏观调控，转换为稳健的财政政策，国债投资规模调减调向，重点用于农村、西部大开发、东北老工业基地、生态环境等领域来缓解经济局部过热。一方面，推后预算内建设性支出的时间来抑制总需求的扩张；另一方面，深化税制改革并使税收收入实现稳步增长，经济运行基本面呈现出增长速度较快、增长效益较好的局面。2008年金融危机爆发后，中国经济增长速度明显放慢，经济下行压力加大，政府适时推出积极的财政政策，推出4万亿经济刺激计划，首次提出扩大内需作为保持经济增长的根本途径，实行结构性减税并推进税费改革，新的财政支出的主要流向是高铁、公路和飞机场等基础设施建设，保持投资较快增长和优化投资结构，克服国内经济增长所面临的困难并保持总体经济稳定增长。

二、中国的贸易自由化与财政政策调整促进

下面分阶段回顾中国的贸易自由化和财政政策调整：

---

① 指政府部门，可以选择一些规则来实施财政政策，可以不遵守当前的预算平衡。

(一) 20 世纪 80 年代以前的对外贸易和财政政策调整

改革开放以前,与计划经济体制相适应,中国实行了由国家经贸部统一领导的、外贸各专业公司统一经营的、指令性计划和统负盈亏的高度集中的对外贸易体制。由国家计划委员会所指定的计划涵盖了商品总类 90%以上的商品进口,出口计划包括了 3000 多种商品。1978 年,中国进出口贸易额仅占国民生产总值的 4.7%。

此时,国家财政管理的主要特点是"统收统支"①,各级财政收支的范围和权限按照行政隶属关系来划分,由国家直接安排。特别是新中国成立初期,为了尽快恢复生产,控制物价,稳定经济运行,实行了"高度集中"的统一收支政策。财政政策强调公平而忽视效率,财政收入也主要是为经济建设与工业化发展筹集资金。

(二) 20 世纪 80 年代的贸易自由化和财政政策调整

改革开放以来,随着计划经济向市场经济过渡,中国的外贸管理体制进行了初步改革探索,试行了外贸承包经营责任制,改革高度集中的经营体系,增加建立贸易港口,下放对外贸易经营权,重新实行进出口许可证制度,建立外贸经营权审批制度,鼓励和扶持出口型企业,实行外汇留成和复汇率,设立出口建设基金,实行出口退税。同时,抓住国际劳动密集型产业转移的机遇,对产业结构进行合理地调整,完成了出口商品结构的第一个转变,即从改革开放初期的石油等初级产品,到以纺织消费品等行业工业制成品为主,促进了轻纺消费品工业的振兴,纺织品成为中国最大的出口产品。在此期间,中国在国际贸易中的排名从改革开放前的第 29 位跃升到第 15 位。

为了适应对外开放的需要,政府先后于 1980 年和 1981 年颁布了《中外合资企业所得税法》《个人所得税法》和《中华人民共和国外国企业所得税法》,建立并初步规范了有关涉外税制制度。为了发展出口贸易,财政部于 1980 年发布了《关于进出口商品免征工商税收的规定》,国家对所鼓励进出口的商品实行工商税的减免。之后,采用国际上普遍的做法,对出口商品实行退税来提高本国产品的国际市场竞争力。1983 年,财政部发出《关于钟、表等 17 种产品实行出口退(免)税和进口征收的通知》,对出口 17 种产品的外贸企业实行退税,生产企业直接出口免税。1987 年,财政部发布了《关于出口产品退税若干问题的规定》,规定出口产品退税征多少退多少、未征不退、彻底退税的基本原则和若干具体规定,退还出口商品生产过程中的产品税和营业税,已实施增值税的退还增值税。

---

① 地方的收入统一上缴中央,其支出又统一由中央拨付,预算管理权基本上集中于中央。

(三) 20世纪90年代的贸易自由化和财政政策调整

20世纪90年代,国家对外贸体制进行了重大改革。1991年开始实行外贸企业自负盈亏机制,1994年实行以汇率并轨为标志的对外贸易体制全面改革,使对外贸易逐步走上了统一政策、放开经营、平等竞争、自负盈亏、工贸结合、推行代理制的道路(于培伟,2008),逐步建立符合国际规则和中国社会主义市场经济要求的外贸管理新体制。实施出口退税政策,建立进出口协调服务机制,鼓励加工贸易发展,承接大量国际制造业产业转移,逐步实现出口从轻纺产品向机电产品的转变,促进了机电产业的快速发展,使机电产品成为出口的主导产品。1997年,中国机电产品出口开始超过轻纺产品出口,成为第一大类出口商品,改变了发达国家出口工业制成品为主而发展中国家出口初级产品的国际分工状况,中国在国际分工中的地位得到了提升。1994年,外贸出口额从1993年的917.6亿美元跃升到1210.4亿美元,增长了31.9%,贸易平衡状况也有了很大改善,从1993年逆差121.8亿美元增加到顺差53亿美元。1995年上半年,出口和利用外资呈现强劲增长势头。当时,由于国内价格和资金紧张的压力越来越大,特别是1994年以来增加出口的退税,财政的负担加重。为了解决这些问题,促进经济和对外贸易的健康发展,政府对出口退税政策进行了必要的调整,1995年和1996年出口商品的退税率分别降低了两次:农产品和煤炭的退税率从13%下降到3%,以农产品为原料加工生产的工业产品的出口退税率从14%降低到6%,其他增值税17%货物的退税率降至9%。1997年的亚洲金融危机对中国的对外贸易造成了严重影响,中国出口和吸引外资面临严峻形势。1998年下半年,从国家和经济发展的全局和长远考虑,陆续提高了部分出口商品的退税率。主要采取了以下举措:① 自1997年起,陆续取消了有关新闻纸、食糖、原油和柴油的出口不退税的规定。② 从2000年6月20日起,黄金的出口不再进行退税。③ 从1998年起,对通过外国贷款采用国际招标方式的国内企业中标的机电恢复退税。④ 自1998年1月起,为支持外贸出口,经国务院批准,国家税务总局分批提高了部分出口产品的退税率。⑤ 从1999年7月1日起,出口商品的平均退税率已达到15%,其他大部分机电产品已按17%的法定税率退税。20世纪90年代的十年中出口平均增长14%,到90年代末世界贸易排名跃居至第9位。

在大幅度降低关税水平的条件下,按照社会主义市场经济体制和国际经贸规则的要求,废除过度或不平等的进口税,实行统一、规范、公平、合理的进口税收政策。主要包括:① 较大幅度地削减关税,自1996年1月1日起,进口关税税率从35.9%的水平下降至23%。② 调整进口商品减免税政策。规定从1996年4月1日后新批准的外商直接投资企业进口设备和原材料,新批准的技术改造项目、重大建设项目进口的设备,各类特定区域进口各类物资,加工贸易、补偿贸易项目所进口的机器设备,一律都要缴纳税收;限额以下的技术改造和重大建设项目、加工项目及补偿贸易项目，进口的设备仍可按原规定免征进口关税和进口环节税；经济特区和上海浦东新区进口自用物资，按国家规定的限额，关税和进口环节税先征后退，逐年过渡、递减；苏州工业园区参照经济特区办理，海南洋浦经济开发区按保税区管理；边境小额和互市贸易，按国际通行规则办理。

（四）2000 年以来的贸易自由化和财政政策调整

根据加入 WTO 承诺的要求，中国进一步削减关税的总水平，大幅减少非关税壁垒；在保持鼓励出口和利用外资合理增长的同时，提出积极扩大进口的方针；进一步改革出口退税机制；取消外贸审批制，开始实行外贸经营权登记制。同时，不断健全外贸促进机制，提升通关便利化水平，完善进出口商品检验检疫制度，继续实施“走出去”和互利共赢的战略方针。对出口退税政策的进一步改革就是要按照国际惯例，保证中国出口商品以不含税价格进入国际市场进行平等竞争；真正做到“征多少、退多少、不征不退”，确保出口后能够及时并足额进行退税。主要改革包括：进一步完善出口退税制度，降低出口退税率，将出口退税的税率调整为五档，即 5%、8%、11%、13%和 17%；控制“两高一资”产品出口，不断优化出口商品结构，积极鼓励技术产品和高附加值产品出口，适度降低纺织等产品出口退税率，提高 IT 产品、生物制药、重大技术装备等产品的出口退税率，并对出口退税产品及退税范围进行动态调整。同时，逐步降低关税总水平，中国关税平均水平从 2001 年的 15.3%降至 2020 年的 7.5%。2008 年国际金融危机爆发，伴随着新时期贸易增速下台阶，税收增速下降，教育、医疗保健、社会保障等支出快速增长，环境保护方面的支出压力不断扩大。2020 年以来推出遏制新冠肺炎疫情蔓延的防控措施，这场罕见的世界公共卫生危机对全球贸易冲击严重，影响了中国的贸易自由化进程，政府提高部分产品的出口退税率，免征防疫物资产品关税。

为了减缓金融危机对中国经济的影响，中国政府执行了积极的财政政策，实施 4 万亿投资刺激经济的方案，包括加快经济适用房建设、加快农村基础设施建设、加快医疗卫生和文化教育事业发展、加强生态环境建设、防治污染等十项内容，为了应对国际金融危机，除了扩大财政支出外，中国政府也实施了一些减税政策，如上调个人所得税起征点、调整税级距和级次，增加工薪阶层收入，减半征收小排量汽车购置税，减免住房交易相关税收，同时对高技术企业、服务性企业、中小企业实施减税等。在财政支出结构上，逐渐向社会保障事业、文化教育、科学研究、医疗卫生类倾斜。为缓冲新冠肺炎疫情对中小企业的影响，政府陆续出台了延迟纳税、减计收入、减免税费等一揽子经济政策。为企业提供流动性支持，如对小型微利企业 2020 年 5 月 1 日以后的企业所得税递延到 2021 年首个申报期缴纳，对金融机构向小型企业、微型企业等发放小额贷款取得的利息收入，在计算应纳税所得额时按 90%计入收入总额，在申报增值税时免征该部分利息收入的增值税。扩大慈善捐赠免征进口环节增值税、消费税范围。通过减免部分产品税负，刺激个人扩大消费，如自2020年1月1日至12月31日，对新冠肺炎疫情重点保障物资生产企业为扩大产能新购置的相关设备，允许一次性计入当期成本费用在企业所得税税前扣除。财政部联合相关部委出台或延续了激励汽车市场发展的政策：2020年5月1日至2023年12月31日，从事二手车经销的纳税人销售其收购的二手车减按0.5%征收增值税；2022年12月31日前，对列入《免征车辆购置税的新能源汽车车型目录》的新能源汽车继续免征车辆购置税。

第二节　中国的贸易自由化与财政政策的统计描述

一、中国对外贸易的总体情况

改革开放以来，中国对外贸易的规模不断扩大。中国货物进出口总额从1978年的206.40亿美元增长到2020年的46559.1亿美元，增长了225.58倍。从表4.1可以看出，1978—1980年，进出口增长率、出口增长率和进口增长率均保持30%以上的速度增长。20世纪80年代期间进出口增长率有高有低，除了1982年进出口增长率和进口增长率为负、1983年出口增长率为负外，其余年份均呈现出正的增长率，1982年进口的负增长导致进出口增长率为负数，1984年、1985年和1988年的进出口增长率均保持在20%以上的速度。由于1997年金融危机的影响，1998年的进出口增长率和进口增长率为负并且出口增长率仅为0.5%。自21世纪以来，随着2001年中国加入WTO，2007年之前中国对外贸易额维持快速增长，增长率基本超过20%，其中，2003年和2004年的增长率分别达到了37.1%、35.7%。因2008年金融危机，2009年的进出口额、进口额和出口额均出现了负增长，分别为-13.9%、-16.0%、-11.2%，其中，进出口增长率、出口增长率为1978年以来的最低水平。2015年和2016年，进出口贸易额、出口额和进口额均出现了不同程度的负增长。

表4.1　中国对外贸易绝对量与增量变化

年份	进出口额（亿美元）	出口额（亿美元）	进口额（亿美元）	进出口增长率（%）	出口增长率（%）	进口增长率（%）
1978	206.4	97.5	108.9	39.0	28.0	51.0
1979	293.3	136.6	156.7	42.1	40.1	43.9
1980	381.4	181.2	200.2	30.0	32.7	27.8
1981	440.3	220.1	220.2	15.4	21.5	10.0

续表

年份	进出口额（亿美元）	出口额（亿美元）	进口额（亿美元）	进出口增长率(%)	出口增长率(%)	进口增长率(%)
1982	416.1	223.2	192.9	-5.5	1.4	-12.4
1983	436.2	222.3	213.9	4.8	-0.4	10.9
1984	535.5	261.4	274.1	22.8	17.6	28.1
1985	696	273.5	422.5	30.0	4.6	54.1
1986	738.5	309.4	429.1	6.1	13.1	1.6
1987	826.5	394.4	432.1	11.9	27.5	0.7
1988	1027.9	475.2	552.7	24.4	20.5	27.9
1989	1116.8	525.4	591.4	8.7	10.6	7.0
1990	1154.4	620.9	533.5	3.4	18.2	-9.8
1991	1356.3	718.4	637.9	17.5	15.7	19.6
1992	1655.3	849.4	805.9	22.1	18.2	26.3
1993	1957	917.4	1039.6	18.2	8.0	29.0
1994	2366.2	1210.1	1156.2	20.9	31.9	11.2
1995	2808.6	1487.8	1320.8	18.7	23.0	14.2
1996	2898.8	1510.5	1388.3	3.2	1.5	5.1
1997	3251.6	1827.9	1423.7	12.2	21.0	2.6
1998	3239.5	1837.1	1402.4	-0.4	0.5	-1.5
1999	3606.3	1949.3	1657	11.3	6.1	18.2
2000	4743	2492	2250.9	31.5	27.8	35.8
2001	5096.5	2661	2435.5	7.5	6.8	8.2
2002	6207.7	3256	2951.7	21.8	22.4	21.2
2003	8509.9	4382.3	4127.6	37.1	34.6	39.8
2004	11545.5	5933.3	5612.3	35.7	35.4	36.0
2005	14219.1	7619.5	6599.5	23.2	28.4	17.6
2006	17604.4	9689.8	7914.6	23.8	27.2	19.9
2007	21761.8	12200.6	9561.2	23.6	25.9	20.8
2008	25632.6	14306.9	11325.7	17.8	17.3	18.5
2009	22075.4	12016.1	10059.2	-13.9	-16.0	-11.2

续表

年份	进出口额（亿美元）	出口额（亿美元）	进口额（亿美元）	进出口增长率(%)	出口增长率(%)	进口增长率(%)
2010	29740	15777.5	13962.4	34.7	31.3	38.8
2011	36418.6	18983.8	17434.8	22.5	20.3	24.9
2012	38671.2	20487.1	18184.1	6.2	7.9	4.3
2013	41589.9	22090	19499.9	7.6	7.8	7.2
2014	43015.3	23422.9	19592.3	3.4	6.0	0.5
2015	39530.3	22734.7	16795.6	−8.1	−2.9	−14.3
2016	36855.6	20976.3	15879.3	−6.8	−7.7	−5.5
2017	41071.4	22633.5	18437.9	11.4	7.9	16.1
2018	46224.2	24866.8	21357.3	12.6	9.9	15.8
2019	45778.9	24994.8	20784.1	−1.0	0.5	−2.7
2020	46559.1	25899.5	20659.6	1.7	3.6	−0.6

注：资料来源根据《中国统计年鉴—2021》数据计算所得。

对外贸易的蓬勃发展大幅度提高了中国对国际市场的依赖程度，计算中国自1978—2020年的外贸依存度，对外贸易依存度、出口依存度和进口依存度的上升反映出经济对外依赖的不断增强，也反映出中国对外贸易规模的不断扩大。图4.1反映了1978—2020年以来中国进出口总额、出口额和进口额分别占GDP的比重，即对外贸易依存度、出口依存度和进口依存度的变动情况。从图4.1可以看出，改革开放以来，中国对外贸易依存度有了显著提高，1978年的对外贸易依存度仅为9.7%，1987年提高到25.5%，到2001年中国加入WTO时已经上升至38.3%，之后增速加快，到2006年上升至64.8%，达到历史最高水平。之后，尽管对外贸易仍然保持高速增长态势，但略低于强劲的经济总量增长势头，对外贸易依存度开始下降，到2020年下降至31.7%。

与此同时，中国在世界贸易中的影响力日益扩大，2013年以来，商品进出口总额始终位居世界第一位，逐步确立并巩固了中国贸易大国的地位。由表4.2可知，中国进出口额在世界进出口额中的比重从1978年的0.8%上升至2020年的13.1%，其中，出口额占世界出口额的比重从1978年的0.8%上升至2020年的14.7%，进口总额占世界进口额的比重从1978年的0.9%上升至2020年的11.5%。

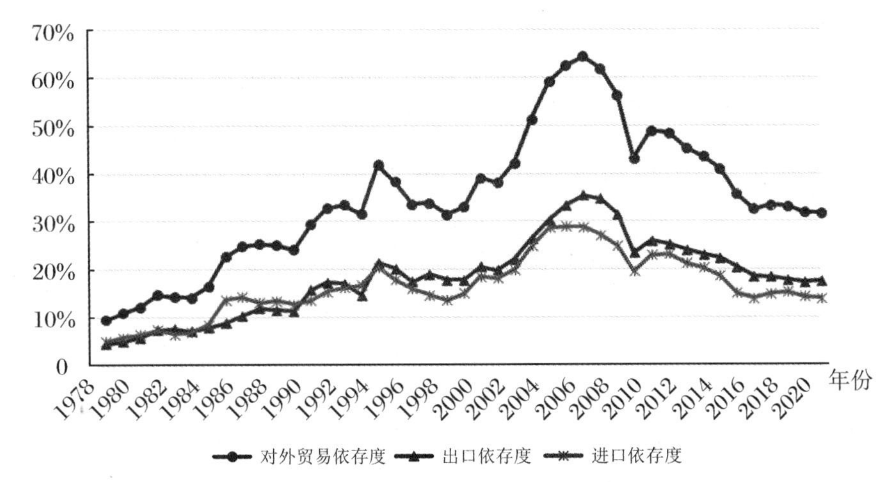

图 4.1　中国对外贸易依存度、出口依存度和进口依存度

注:资料来源根据《中国统计年鉴—2021》数据计算所得。

表 4.2　中国对外贸易额占世界贸易总额的比重(%)

年份	进出口总额占世界比重	出口总额占世界出口额比重	进口总额占世界进口额比重	年份	进出口总额占世界比重	出口总额占世界出口额比重	进口总额占世界进口额比重
1978	0.8	0.8	0.9	2000	3.6	3.9	3.4
1979	0.9	0.9	1.0	2001	4.0	4.3	3.8
1980	1.0	1.0	1.0	2002	4.7	5.0	4.4
1981	1.2	1.2	1.1	2003	5.5	5.8	5.3
1982	1.2	1.3	1.1	2004	6.2	6.4	5.9
1983	3.0	3.2	2.8	2005	6.7	7.3	6.1
1984	1.5	1.5	1.5	2006	7.2	8.0	6.4
1985	1.9	1.5	2.2	2007	7.7	8.7	6.7
1986	1.8	1.5	2.1	2008	7.8	8.9	6.9
1987	1.6	1.6	1.7	2009	8.7	9.6	7.9
1988	1.8	1.7	1.9	2010	9.7	10.3	9.0
1989	1.8	1.7	1.9	2011	9.9	10.4	9.5
1990	1.7	1.8	1.5	2012	10.5	11.1	9.8
1991	1.9	2.0	1.8	2013	1.3	11.8	10.3

续表

年份	进出口总额占世界比重	出口总额占世界出口额比重	进口总额占世界进口额比重	年份	进出口总额占世界比重	出口总额占世界出口额比重	进口总额占世界进口额比重
1992	2.2	2.3	2.1	2014	11.3	12.2	10.4
1993	2.6	2.4	2.7	2015	11.9	13.8	10.6
1994	2.7	2.8	2.6	2016	11.4	13.1	9.8
1995	2.7	2.9	2.5	2017	11.5	12.8	10.3
1996	2.7	2.8	2.5	2018	11.8	12.8	10.8
1997	2.9	3.3	2.5	2019	12.0	13.2	10.8
1998	2.9	3.3	2.5	2020	13.1	14.7	11.5
1999	3.1	3.4	2.8				

注:数据来源根据世界贸易组织数据库数据计算所得。

与对外贸易总量指标相对应,这里分析对外贸易商品结构,如图 4.2 所示,自 1980 年以来,中国出口商品结构不断改善,1980 年中国初级产品出口额占商品总出口额、初级产品进口额占商品总进口额的比重分别为 50.3%、34.8%,工业制成品出口额占商品总出口额、工业制成品进口额占商品总进口额的比重分别为 49.7%、65.2%。到 2020 年,初级产品出口额占商品总出口额的比重为 4.5%,工业制成品出口额占总出口额的比重达到 95.5%。因此,工业制成品出口居于主导地位,工业制成品在出口贸易中所占的比重不断上升,中国出口商品国际竞争力大大提高。

进口方面,中国工业制成品进口额在商品总进口额中所占的比重明显高于初级产品进口额占商品总进口额中的比重。平均来看,1980—2020 年中国初级产品进口额占商品总进口额的 24.1%,工业制成品进口额占商品总进口额的75.9%。20 世纪 80 年代初,我国初级产品进口超过商品总进口额的 1/3,1984—2004 年工业制品进口额在商品总进口额中的比重增加几乎均超过了 80%,2004 年以来,由于国内资源相对短缺,资源型制成品的进口快速增加,工业制品进口相对于初级产品的比重有所下降,但仍然处于较高的水平。同时,也不能忽视的是,2015 年、2016 年中国初级产品进口占总进口的比重下降,2017 年以来开始回升的事实。

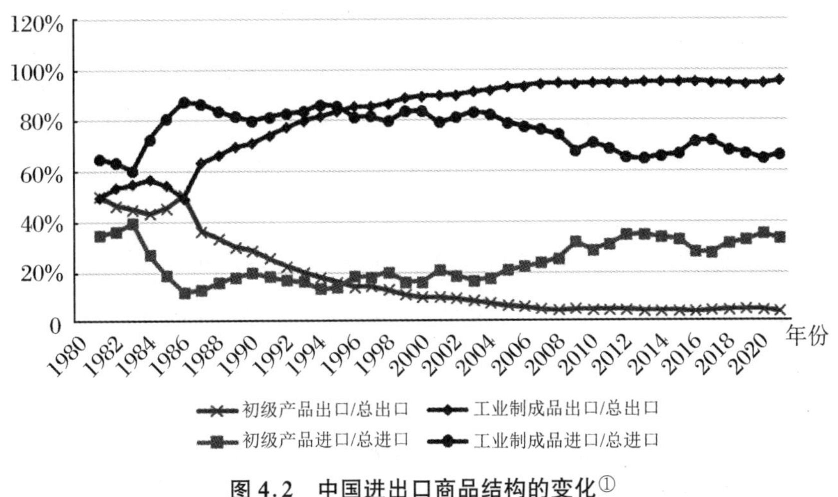

图 4.2　中国进出口商品结构的变化①

注:数据来源根据《中国统计年鉴—2021》数据计算所得。

二、中国财政收支的整体状况

一般公共预算支出能够将其划分成公共服务支出、国防支出、住房保障支出、粮油物资储备支出、债务付息支出、其他支出等。表 4.3 是 1978—2020 年中国财政支出与财政收入的变动情况,由表 4.3 可知,国家财政收入从 1978 年的 1132.26 亿元增加到 2020 年的 190390.08 亿元,绝对额增加了 181781.62 亿元,增长了约 161.5 倍,年均增长 12.9%;国家财政支出从 1978 年的 1122.09 亿元增长到 2020 年的 245679.03 亿元,绝对额增加了 244556.9 亿元,增长了约 218.9 倍,年均增长 13.7%。其中,可以将 1978—2020 年分为 1978—1994 年和 1994—2020 年两个时期。1978 年到 1994 年,财政收入从 1132.26 亿元增长到 5218.1 亿元,增加了 4085.84 亿元,增长了 4.61 倍,年均增长 10.0%;财政支出从 1122.09 亿元增长到 5792.62 亿元,增加了 4670.53 亿元,增长了 5.16 倍,年均增长 10.8%。1994 年开始分税制改革,财政收支较快增长,1994 年到 2020 年,财政收入从 5218.1 亿元增长到 182913.88 亿元,增加了 177695.78 亿元,增长了 35 倍,年均增长8.8%;财政支出从 5792.62 亿元增长到 245679.03 亿元,增加了 239886.4 亿元,增长了 42.4 倍,年均增长 9.3%。

① 因 1950—1980 年统计与 1980 年后的统计口径不一致,这里从 1980 年开始进行测算。

表 4.3　中国财政支出与收入规模对比

年份	国家财政收入（亿元）	同比增幅（%）	税收收入（亿元）	税收收入占一般公共预算收入比重（%）	国家财政支出（亿元）	同比增幅（%）	支出/收入（%）
1978	1132.26	—	519.28	45.9	1122.09	—	0.99
1979	1146.38	1.2	537.82	46.9	1281.79	14.2	1.12
1980	1159.93	1.2	571.7	49.3	1228.83	−4.1	1.06
1981	1175.79	1.4	629.89	53.6	1138.41	−7.4	0.97
1982	1212.33	3.1	700.02	57.7	1229.98	8.0	1.01
1983	1366.95	12.8	775.59	56.7	1409.52	14.6	1.03
1984	1642.86	20.2	947.35	57.7	1701.02	20.7	1.04
1985	2004.82	22.0	2040.79	101.8	2004.25	17.8	1.00
1986	2122.01	5.8	2090.73	98.5	2204.91	10.0	1.04
1987	2199.35	3.6	2140.36	97.3	2262.18	2.6	1.03
1988	2357.24	7.2	2390.47	101.4	2491.21	10.1	1.06
1989	2664.9	13.1	2727.4	102.4	2823.78	13.3	1.06
1990	2937.1	10.2	2821.86	96.1	3083.59	9.2	1.05
1991	3149.48	7.2	2990.17	94.9	3386.62	9.8	1.08
1992	3483.37	10.6	3296.91	94.7	3742.2	10.5	1.07
1993	4348.95	24.8	4255.3	97.9	4642.3	24.1	1.07
1994	5218.1	20.0	5126.88	98.3	5792.62	24.8	1.11
1995	6242.2	19.6	6038.04	96.7	6823.72	17.8	1.09
1996	7407.99	18.7	6909.82	93.3	7937.55	16.3	1.07
1997	8651.14	16.8	8234.04	95.2	9233.56	16.3	1.07
1998	9875.95	14.2	9262.8	93.8	10798.18	16.9	1.09
1999	11444.08	15.9	10682.58	93.4	13187.67	22.1	1.15
2000	13395.23	17.0	12581.51	93.9	15886.5	20.5	1.19
2001	16386.04	22.3	15301.38	93.4	18902.58	19.0	1.15
2002	18903.64	15.4	17636.45	93.3	22053.15	16.7	1.17
2003	21715.25	14.9	20017.31	92.2	24649.95	11.8	1.14
2004	26396.47	21.6	24165.68	91.6	28486.89	15.6	1.08

续表

年份	国家财政收入（亿元）	同比增幅（%）	税收收入（亿元）	税收收入占一般公共预算收入比重（%）	国家财政支出（亿元）	同比增幅（%）	支出/收入（%）
2005	31649.29	19.9	28778.54	90.9	33930.28	19.1	1.07
2006	38760.2	22.5	34804.35	89.8	40422.73	19.1	1.04
2007	51321.78	32.4	45621.97	88.9	49781.35	23.2	0.97
2008	61330.35	19.5	54223.79	88.4	62592.66	25.7	1.02
2009	68518.3	11.7	59521.59	86.9	76299.93	21.9	1.11
2010	83101.51	21.3	73210.79	88.1	89874.16	17.8	1.08
2011	103874.43	25.0	89738.39	86.4	109247.79	21.6	1.05
2012	117253.52	12.9	100614.28	85.8	125952.97	15.3	1.07
2013	129209.64	10.2	110530.7	85.5	140212.1	11.3	1.09
2014	140370.03	8.6	119175.31	84.9	151785.56	8.3	1.08
2015	152269.23	8.5	124922.2	82.0	175877.77	15.9	1.16
2016	159604.97	4.8	130360.73	81.7	187755.21	6.8	1.18
2017	172592.77	8.1	144369.87	83.7	203085.49	8.2	1.18
2018	183359.84	6.2	156402.86	85.3	220904.13	8.8	1.20
2019	190390.08	3.8	157992.2	83.0	238858.37	8.1	1.25
2020	182913.88	−3.9	154312.29	84.4	245679.03	2.9	1.34

注:数据来源于中经网统计数据库。

第三节　贸易自由化促进财政政策调整的实证检验

本节采用主流的分析工具考察贸易自由化与财政政策之间的关系,分析两者之间是否存在因果关系,进一步验证贸易自由化促进财政政策调整的内在机理,探究贸易自由化促进财政政策调整的具体路径和影响强弱。

一、贸易自由化与财政政策之间关系的检验

(一) 检验方法的选择

当前,计量经济学考察经济变量之间关系的研究方法主要有相关分析、回归分析、协整分析和格兰杰因果关系检验等。相关分析重点研究变量之间的关联度,用相关系数来表示,相关系数包括简单相关系数和复相关系数。回归分析研究被解释变量对于一个或多个解释变量的依存关系,主要是为了根据解释变量的数值来估计或预测被解释变量的数值或总体均值。相关分析和回归分析均是研究相关问题,但相关分析的重点是分析变量之间的相关程度,回归分析则是通过回归方法来估计解释变量和被解释变量之间的关系。当然,两者均存在一定缺陷,相关分析只能反映相关而不能反映变量之间的因果关系,回归分析隐含假定变量是平稳的,这会使时间序列回归分析更容易导致“伪回归”,“伪回归”具有很高的 R^2 值和 t 值,但参数统计毫无意义,大量研究结果表明,互不相干的非平稳变量在统计检验中经常表现为显著相关(李子奈和潘文卿,2015)。协整方法通过对回归分析进行修正,如果非平稳时间序列之间不存在协整关系,则所构造的回归模型协整分析就是“伪回归”①,这里分析贸易自由化和财政政策之间的关系,选取的是时间序列数据,因此对贸易自由化和财政政策之间的协整关系进行检验是非常必要的。另外,对于贸易自由化和财政政策之间的因果关系,则通常采用格兰杰因果检验法(张晓峒,2007)。

(二) 指标选取与样本数据

对贸易自由化和财政政策之间的关系进行分析,首先需要确定贸易自由化和财政政策的衡量指标。在描述中国的贸易自由化情况的指标中,廖涵和房师杰(2000)、李锴和齐绍洲(2011)、罗知(2010)、郭炳南和程贵孙(2013)等采用贸易依存度来表示中国的贸易自由化或贸易开放度,测算一个国家贸易体制开放的程度。何璋和覃东海(2003)、白媛(2009)等指出贸易依存度是刻画经济开放程度最好的指标之一。作者也采用贸易依存度来反映中国的贸易自由化程度,用年度对外贸易额除以 GDP 来表示,记为“TRADE”。在考察贸易自由化与财政政策之间关系的时候,这里重在分析贸易自由化与两个主要的财政政策工具之间的关系,即贸易自由化与财政收入、贸易自由化与财政支出之间的关系。许善达(1999)认为,在政府实现其职能所需的社会剩余产品总量不变的前提下,财政收入渠道越多,宏观税

① 单位根由于传统的计量经济学方法不适用非平稳时间序列。

收负担率越低;财政收入渠道越少,宏观税收负担率越高。安体富和岳树民(2002)认为宏观税负有小、中、大三种口径,分别对应税收收入、财政收入和政府收入占GDP的比重。从理论上讲,大口径的宏观税率最能反映问题的本质,但从统计资料获取的角度看,政府收入没有现成的统计数据,需要重新估算,这中间不仅难度极大,而且估算出的数据误差也很大,所以本书不采用大口径指标。胡久凯和王艺明(2020)选择财政支出和财政收入作为财政政策变量。孟惊雷和修国义(2019)用全国的财政收入来表示财政收入。冯炳纯(2019)、蒋艳辉等(2020)将财政支出用一般公共服务支出、公共安全支出、文化教育支出、科学技术支出、医疗卫生支出、社保支出和就业支出、环境保护支出加总后取对数来表示。本书参照这些文献,在这里分别采用中国的年度国家财政收入、年度国家财政支出表示财政收入、财政支出,并分别记为"FR""FE"。各年度贸易依存度、财政收支数据取自《中国统计年鉴—2021》和《中国财政年鉴—2021》,样本区间为1978—2020年。

(三) ADF单位根检验

动态计量经济学表明,非稳定单整变量之间存在着长期稳定的关系,即Granger协整关系,在对贸易自由化与财政收入、贸易自由化与财政支出的关系进行检验之前,需要对贸易自由化与财政收入、财政支出作为变量指标进行ADF单位根平稳性检验。利用ADF单位根检验法考察贸易自由化和财政政策指标是否平稳,为了消除时间序列变量之间可能存在的"异方差",使数据的趋势线性化,分别对变量贸易自由化、财政收入、财政支出取自然对数,在指标前面加"ln"表示。检验贸易自由化和财政政策指标是否是平稳的,在样本期内对序列贸易自由化、财政收入、财政支出变量的检验结果如表4.4所示。检验结果表明,贸易自由化、财政收入、财政支出这3个变量的原序列在1%、5%、10%的置信区间下,*ADF*检验值的结果均大于临界值,检验结果是不平稳的。所以,贸易自由化、财政收入和财政支出变量原序列都是非平稳的,需要对一阶差分序列进行单位根检验,检验结果表明,一阶差分$\Delta\ln TRADE$、$\Delta\ln FR$、$\Delta\ln FE$均在1%的置信水平下*ADF*检验值的结果大于临界值,表现为平稳序列,各序列经过一阶差分是平稳的,即为一阶单整I(1)序列,说明贸易自由化指标与财政政策指标之间可能存在协整关系,可以进行长期均衡关系的检验,接下来通过Johansen检验进一步验证。

表 4.4 单位根检验结果

变量	*ADF* 检验值	*P* 值	1%	5%	10%	平稳性
ln*TRADE*	−0.546384	0.4742	−2.622585	−1.949097	−1.611824	不平稳
ln*FR*	−0.190238	0.6101	−2.636901	−1.951332	−1.610747	不平稳
ln*FE*	−0.521637	0.4846	−2.622585	−1.949097	−1.611824	不平稳
Δln*TRADE*	−2.574097	0.0113	−2.622585	−1.949097	−1.611824	平稳
Δln*FR*	−2.231240	0.0268	−2.636901	−1.951332	−1.610747	平稳
Δln*FE*	−3.185577	0.0021	−2.622585	−1.949097	−1.611824	平稳

注：*ADF* 值小于临界值，说明序列平稳。

（四）Johansen 协整检验

Granger 因果关系检验的前提条件是时间序列的线性组合必须是协整的，因此需要对贸易自由化、财政收入、财政支出进行协整关系的分析。关于协整检验方法主要有基于协整回归残差和基于 VAR 方法的协整检验，这里采用后者。它通过对协整向量个数 r 构造迹统计量和最大特征值统计量来检验，如果迹统计量大于临界值，则拒绝原假设；相反，则接受原假设。该方法能够通过相关软件精确得到协整向量的个数。由于贸易自由化、财政收入、财政支出为一阶单整序列，作者在 ADF 检验的基础上，采用 Johansen 协整检验方法对变量贸易自由化、财政收入、财政支出指标进行协整关系检验。由表 4.5 可知，迹检验结果表明，贸易自由化、财政收入、财政支出 3 个变量之间至少存在一个协整方程。在 5%显著水平下，迹统计量与 5%临界值相比较，34.77376＞29.79707，10.29747＜15.49471，0.889201＜3.841466，从而拒绝原假设，各变量之间存在长期稳定的均衡关系。从长期来看，对于开放型经济，在通常情况下，贸易开放度的提高将对财政政策产生影响，促进产业转型升级和工业结构的优化调整，促进物流和交通运输业的发展，影响财政收入的规模和结构，促使政府加大基础设施投资建设。

表 4.5 协整检验结果

原假设	特征值	迹统计量	5%临界值	*P* 值
0 个协整向量*	0.449530	34.77376	29.79707	0.0123
至少 1 个协整向量	0.205045	10.29747	15.49471	0.2585
至少 2 个协整向量	0.021454	0.889201	3.841466	0.3457

注：迹检验表明：在 5%的显著性水平上，存在一个协整关系，拒绝原假设。协整检验方程含常数项和趋势项。

（五）Granger 因果检验

协整检验已经证明了这 3 个变量之间存在长期稳定的协整关系，那么贸易自由化与财政收入、贸易自由化与财政支出之间是否存在因果关系，还需要做进一步的验证。一般通过Granger因果检验方法验证变量之间是否存在因果关系，如果X是Y的Granger原因，则此时X的过去和现在有助于改进对Y的预测，具有统计显著性。表4.6探讨了贸易自由化与财政收入、贸易自由化与财政支出之间是否存在因果关系。检验结果表明，在样本期内，贸易自由化是财政收入的Granger原因并且显著水平为3.86%，财政收入也是贸易自由化的Granger原因并且显著水平为2.88%，贸易自由化是财政支出的Granger原因并且显著水平为0.21%，但是财政支出不是贸易自由化的Granger原因并且显著水平为11.9%，贸易自由化促进了财政收入与财政支出的调整。

表4.6　Granger因果检验结果

零假设	*F*	*P*	结论
贸易自由化不是财政收入的Granger原因	3.56589	0.0386	拒绝
财政收入不是贸易自由化的Granger原因	3.91913	0.0288	拒绝
贸易自由化不是财政支出的Granger原因	7.36088	0.0021	拒绝
财政支出不是贸易自由化的Granger原因	2.25946	0.1190	接受

二、贸易自由化促进财政政策调整的作用机理分析

（一）检验方法的选择

中国的贸易自由化和财政政策的Granger因果关系检验表明，存在着贸易自由化向财政收入、贸易自由化向财政支出的单向Granger因果关系。那么，贸易自由化又是如何影响一个国家财政政策的调整呢？因果检验只能反映贸易自由化影响财政政策，具体这些渠道是如何影响以及影响的大小，以下将分别进行阐释。因此，为了进一步分析贸易自由化促进财政政策调整的作用机理，首先把财政政策的调整细分为财政收入的调整和财政支出的调整，再通过拟合的贸易自由化度量工具考察贸易自由化可能会通过哪几个渠道变量来影响财政政策的调整，这里将考察贸易自由化通过劳动力市场就业情况、物质资本投入、人力资本投入、技术进步、制度因素5个渠道变量促进财政政策调整的内在机制。将这5个渠道变量纳入分析模型，利用普通最小二乘法（OLS）对模型进行总体回归，找出贸易自由化对渠道变量的影响，以及渠道变量对两个财政政策工具的影响。

（二）指标选取与样本数据

劳动力市场就业情况。微观层面，劳动时间一般以小时为单位，定量分析时用

天、星期、月或年来表示；劳动参与率是劳动适龄人口中愿意就业的人口所占的比重[①]，由已经就业的人口和正在寻找工作的人口组成。宏观层面，用就业量、就业率和失业率等来表示。就业量为一个国家或地区经济活动中适龄劳动力人数的总和，是一个绝对指标；就业率为就业人数占经济活动人口的比例，用就业人数除以就业人数和失业人数的总和；失业率能够反映一个国家或地区的劳动力资源闲置情况，用失业人数除以就业人数和失业人数的总和。马拴友(2001)在分析中国经济增长的财政政策时，用从业人数的年平均数表示就业数量。张钰(2013)分别用全社会就业量、第一产业就业量、第二产业就业量、第三产业就业量与财政收入、财政支出和财政赤字进行协整分析，研究财政政策的就业效应。劳动力市场就业在这里作为渠道变量，需要反映它与财政政策和贸易自由化之间的关系，而贸易是商品交换活动，属于第三产业，这里用第三产业就业人口占总就业人口的比重表示，用字母“L”表示，数据来源于《中国统计年鉴—2021》与中国劳动经济数据库。

物质资本投入。支出法国内生产总值是从产品的最终用途或使用出发，把一定时期内消费者、厂商、政府部门等所购买的各种最终产品支出进行加总，来计算一定时期内社会产品的最终使用情况，通常用来研究消费、投资以及经济的外向程度等问题。支出法国内生产总值等于最终消费支出总额加上资本形成总额再加上货物和服务的净出口[②]，其中，资本形成总额等于固定资本形成加上存货的增加(许宪春，2014)。固定资本形成总额为常住单位购买、转让和自产自用的固定资产价值，减去固定资产的销售和转出的价值额，固定资本形成总额可以分为有形的和无形的固定资产形成总额(秦长海等，2010)。存货增加为常住单位存货量变动的市场值，用期末的价值量减去期初的价值量的差来表示。作者采用固定资本形成总额除以 GDP 来近似表示物质资本投入，用字母“K”表示，数据来源于《中国统计年鉴—2021》。

人力资本投入。一般表示人力资本数量的指标有每十万人中的大学生人数、16 岁到 65 岁劳动力中受过高等教育的人数、专业技术人员工资占总工资的比例、大学生入学率和教育支出在财政支出中所占的比重(沈坤荣和马俊，2002)。这里采用当前大多数文献，如胡鞍钢和李春波(2002)、Zhang 等(2005)使用的平均受教育年限来衡量人力资本，受教育年限法主要从投入角度来度量人力资本水平，即将劳动力按不同的受教育水平分类，然后按照不同的受教育程度赋予相应的权重并进行加权平均，计算公式为：平均受教育年限=(小学毕业人口数×6+初中毕业人口数×9+高中毕业人口数×12+大专及以上毕业人口数×16)/6 岁以上总人口，用字母“H”表示，数据来源于《中国文化文物统计年鉴》和《中国劳动统计年鉴》。

技术进步。由于技术进步是一个无形变量，一般无法通过直接的方式来衡量，

---

① 劳动适龄人口由就业人数、失业人数和非经济活动人口之和构成。

② 对一个地区而言，该指标为“货物和服务的净流入”。

所以只有通过采取其他相关的变量来间接表示技术进步，这里采用研究与开发（R&D）占政府支出的比重、科技拨款占财政支出的比例来间接测度技术效应。政府科技投入为中央或地方政府以财政拨款的方式，在科学研究和技术开发等方面进行的资金投入，即为财政科技拨款，包括科学事业费、科技三项费、科研基建费以及其他科研事业费，主要用于支持研究与开发（R&D）活动、技术基础性的科技服务活动以及辅以一定的科技成果转化和产业化开始阶段的启动资金等。财政科技拨款占财政支出比重为政府用于科技活动的经费占政府财政支出的比重，反映政府部门对科技活动的投资力度和重视程度，用字母“T”表示，数据来源于中国科技数据库。

制度因素。自改革开放以来，中国经历了两次财政分权：从 1979 年到 1993 年的“财政包干制”和 1994 年以后的分税制。财政分权体制下，地方政府为扩大出口、吸引更多投资展开激烈竞争，纷纷通过税收优惠、金融信贷、偏向于投资的基础设施等，机器设备、原材料进口增加（王德祥和李建军，2008），各地优惠政策使出口企业能够以很低的价格获得土地、资本等生产要素，有助于提升中国商品的国际竞争力、扩大出口（许煜等，2007）。由于财政支出分权既包括地方自有财力，也涵盖了地方政府获得的中央财力支持，是能够真实反映地方政府真实财力的指标，作者参照王志刚和杨白冰（2019），以地方财政支出分权作为衡量财政分权的指标，具体计算公式为：地方财政支出分权 = 本级财政支出/中央本级财政支出，用字母“S”表示，数据来源于《中国统计年鉴—2021》。

（三）基于 OLS 的检验

参照任安军等（2004）、杨姝琴（2009）、陈盈等（2014）的研究方法，由于所选数据是 1978—2020 年的时间序列数据，分别用财政收入和财政支出的自然对数（$\ln FR$、$\ln FE$）为因变量，以 5 个渠道变量的自然对数（$\ln L$、$\ln K$、$\ln H$、$\ln T$、$\ln S$）为自变量，建立如下计量模型：

$$\ln FR = \alpha_0 + \alpha_1 \ln L + \alpha_2 \ln K + \alpha_3 \ln H + \alpha_4 \ln T + \alpha_5 \ln S + \varepsilon_1 \tag{4.1}$$

$$\ln FE = \beta_0 + \beta_1 \ln L + \beta_2 \ln K + \beta_3 \ln H + \beta_4 \ln T + \beta_5 \ln S + \varepsilon_2 \tag{4.2}$$

式（4.1）、式（4.2）中，α_1、α_2、α_3、α_4、α_5、β_1、β_2、β_3、β_4、β_5 为回归系数，分别表示在其他影响因素不变的情况下，影响解释变量变化时财政收入、财政支出平均变动的百分比；α_0、β_0 为常数项；ε_1、ε_2 为随机干扰项。

然后，以 $\ln L$、$\ln K$、$\ln H$、$\ln T$、$\ln S$ 为因变量，检验贸易自由化对 $\ln L$、$\ln K$、$\ln H$、$\ln T$、$\ln S$ 的影响，并分别计算它们对财政收入和财政支出影响效应的大小。

$$\ln FR = F_1(\ln L, \ln K, \ln H, \ln T, \ln S) \tag{4.3}$$

$$\ln FE = F_2(\ln L, \ln K, \ln H, \ln T, \ln S) \tag{4.4}$$

$$\ln L = G_1(\ln TRADE) \tag{4.5}$$

$$\ln K = G_2(\ln TRADE) \tag{4.6}$$

$$\ln H = G_3(\ln TRADE) \tag{4.7}$$

$$\ln T = G_4(\ln TRADE) \tag{4.8}$$

$$\ln S = G_5(\ln TRADE) \tag{4.9}$$

通过"贸易自由化→渠道变量→财政政策"的传递路径，检验贸易自由化对财政政策的作用机理。首先，用式(4.3)和式(4.4)分别找出劳动力市场就业情况、物质资本投入、人力资本投入、技术进步、制度因素对财政收入与财政支出的影响程度；然后，以劳动力市场就业情况、物质资本投入、人力资本投入、技术进步、制度因素为因变量，用式(4.5)～式(4.9)分别检验贸易自由化对这5个解释变量的影响，测算贸易自由化对劳动力市场就业情况、物质资本投入、人力资本投入、技术进步、制度因素这5个解释变量的作用；最后，结合式(4.3)～式(4.9)这7个方程的回归结果，分析贸易自由化如何通过上述5个解释变量作用于财政收入和财政支出以及作用的方向和大小。

回归分析的结果见表4.7和表4.8。表4.7表明，拟合优度 $R^2=0.982531$ 和调整后的拟合优度 $\bar{R}^2=0.980171$，两者都很接近于1，说明渠道变量对财政收入分析的回归模型对样本观测值拟合程度很高，在给定显著性水平为0.05的情况上，由于 $n=42$、$k=5$，查 t 分布表和 F 分布表，得到临界值，$T_{0.025}(10)=2.2281$，$F_{0.05}(5,10)=3.33$，由数据可知，$F=416.2180>F_{0.05}(5,10)$，模型整体上解释了变量和被解释变量之间显著的线性关系。从 t 值来看，4个变量至少在10%的水平下显著，对财政收入的影响大小依次为劳动力市场就业情况、人力资本投入、物质资本投入、技术进步、制度因素。

表4.7 渠道变量对财政收入的实证分析结果

变量	系数	标准误	T 值	P 值
α_0	−7.728216	1.899100	−4.069410	0.0002
$\ln L$	5.132809	0.270632	18.9660	0.0000
$\ln K$	1.418961	0.591285	2.399791	0.0216
$\ln H$	−1.664196	0.386336	−4.307640	0.0001
$\ln T$	1.136072	0.588425	1.930700	0.0612
$\ln S$	−0.468751	0.731819	−0.640529	0.5258
拟合优度 R^2	0.982531			
调整后的拟合优度 $\bar{R}^2$	0.980171			
F 值	416.2180			
P 值(F 统计)	0.000000			

表4.8表明，拟合优度 R^2 和调整后的拟合优度 $\bar{R}^2$ 说明模型对样本观测值具

有很强的解释力，F 值为 489.6953，P 值为 0.000000，在 5%的显著性水平下拒绝原假设，模型的线性关系整体显著。从 t 值来看，4 个变量在 10%的水平下显著，对财政支出的影响大小依次为劳动力市场就业情况、人力资本投入、物质资本投入、技术进步、制度因素。

表 4.8　渠道变量对财政支出的实证分析结果

变量	系数	标准误	T 值	P 值
β_0	−7.127337	1.790193	−3.981324	0.0003
$\ln L$	5.287176	0.255112	20.72490	0.0000
$\ln K$	1.230895	0.557377	2.208371	0.0335
$\ln H$	−1.728353	0.364181	−4.745864	0.0000
$\ln T$	1.084007	0.554680	1.954290	0.0583
$\ln S$	−0.487927	0.689851	−0.707293	0.4838
拟合优度 R^2	0.985114			
调整后的拟合优度 $\bar{R}^2$	0.983102			
F 值	486.6953			
P 值（F 统计）	0.000000			

以下将分别测算贸易自由化对劳动力市场就业情况、物质资本投入、人力资本投入、技术进步和制度因素这 5 个解释变量的影响，即以中国贸易依存度的自然对数为自变量，分别以 5 个渠道变量的自然对数为因变量进行实证分析，结果如表 4.9 所示。

表 4.9　贸易自由化对渠道变量的影响

	截距项		In*TRADE*		拟合优度 R^2	F 值
	系数	t 统计量	系数	t 统计量		
$\ln L$	0.970215	3.221573	0.654886	7.590101	0.584219	57.60964
$\ln K$	3.216150	29.02507	0.132744	4.181526	0.298968	17.48516
$\ln H$	1.482716	10.76906	0.318941	8.085599	0.614578	65.37691
$\ln T$	2.075572	21.05088	−0.168066	−5.949707	0.463344	35.39901
$\ln S$	3.084833	23.38117	0.332349	8.792477	0.653446	77.30765

回归表明，贸易自由化与劳动力市场就业情况、物质资本投入、人力资本投入、制度因素正相关。贸易自由化与人力资本投入的拟合优度是 $R^2=0.614578$、贸易自由化与制度因素的拟合优度是 $R^2=0.653446$，说明贸易自由化与人力资本投入和制度因素的相关程度较高，将劳动力市场就业情况、物质资本投入、人力资本投

入、技术进步和制度因素这5个解释变量对财政收入、财政支出的影响,和中国的贸易自由化对5个解释变量的影响进行归纳,根据回归结果总结得出中国"贸易自由化→渠道变量→财政政策调整"之间的关系,结果如表4.10和表4.11所示。

表4.10 贸易自由化促进财政收入调整的路径

解释变量	解释变量对财政收入的影响	贸易对解释变量的影响	贸易对财政收入的影响	排序
$\ln L$	5.132809	0.654886	3.361404755	1
$\ln H$	−1.664196	0.318941	−0.530780336	2
$\ln T$	1.136072	−0.168066	−0.190935077	3
$\ln K$	1.418961	0.132744	0.188358559	4
$\ln S$	−0.468751	0.332349	−0.155788926	5

表4.11 贸易自由化促进财政支出调整的路径

解释变量	解释变量对财政收入的影响	贸易对解释变量的影响	贸易对财政收入的影响	排序
$\ln L$	5.287176	0.654886	3.462497542	1
$\ln H$	−1.728353	0.318941	−0.551242634	2
$\ln T$	1.084007	−0.168066	−0.18218472	3
$\ln K$	1.230895	0.132744	0.163393926	4
$\ln S$	−0.487927	0.332349	−0.162162051	5

由表4.10和表4.11可知,贸易自由化对财政收入的增长路径由强到弱依次为劳动力市场就业情况、人力资本投入、技术进步、物质资本投入和制度因素,贸易自由化对财政支出的增长路径由强到弱依次为劳动力市场就业情况、人力资本投入、技术进步、物质资本投入和制度因素。从作用的方向来看,劳动力市场就业、物质资本投入起着正向的推动作用。

(四)结论

在本节中,通过采用1978—2020年的数据,将财政政策分别用财政收入和财政支出两个方面来表示,使用协整分析和回归方法实证检验得出贸易自由化客观作用于财政政策即贸易自由化影响了财政收入和财政支出的调整。通过ADF单位根检验、Johansen协整检验和Granger因果检验,表明贸易自由化、财政收入、财政支出之间存在着长期稳定的协整关系,样本期内在1%的显著性水平下,存在着贸易自由化向财政收入的Granger因果关系,以及贸易自由化向财政支出单向变动的Granger因果关系,但是,财政支出不是贸易自由化的Granger原因。通过考察贸易自由化通过劳动力市场就业情况、物质资本投入、人力资本投入、技术进步和制度因素5个渠道变量对中国财政政策调整的作用机理，进一步的经验检验表明：贸易自由化对财政收入与财政支出的增长路径由强到弱依次为劳动力市场就业情况、人力资本投入、技术进步、物质资本投入和制度因素，其中，劳动力市场就业、物质资本投入起着正向的推动作用。

在本节中，论证了贸易自由化会客观促进财政政策（作者在这里只分析了财政收入和财政支出）的调整，那么，由于中国的贸易自由化会对财政收入与财政支出造成一定的冲击和影响，必然引起具体财政政策的相应调整，这种调整会给宏观经济带来什么样的影响呢？从福利角度分析，福利变化如何？在后面的章节中，带着这些问题，将展开论述。

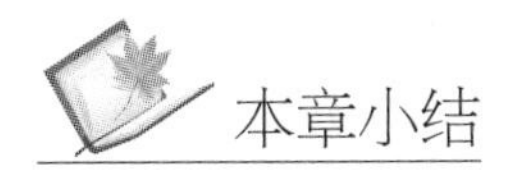

本章小结

本章从历史事实和实证检验两个方面，论证了贸易自由化客观促进财政政策的调整，为后面章节的论述起到了一个桥梁的作用，只有证明了贸易自由化促进财政政策调整的客观存在性，才能进一步分析，由于贸易自由化具体作用于财政收入、财政支出，而引起的宏观经济变量和社会福利水平的变动。

从1980年以前的计划经济体制下的进口替代战略，通过逐步放开外贸经营权、核定商品目录和外汇管制等实行严格的贸易控制，到2001年加入WTO以后的贸易自由化，为保证中国经济的持续稳定增长，政府运用税收、公债、转移支付和财政支出等适时调整财政政策调控的方式、方法和重点，从而保证经济活动的顺利运行，贸易自由化的过程伴随着财政政策的调整。相关对外贸易的规模、结构与财政收支整体情况、中央与地方财政收支情况的描述性统计数据表明，改革开放以来，中国对外贸易依存度有了显著提高，中国在世界贸易中的影响日益增加，财政收支总额不断增长。

本章采用协整分析和格兰杰因果检验的方法，得出贸易自由化是财政收入、财政支出变动或调整的Granger原因，而财政支出并不是贸易自由化的Granger原因；进而采用回归方法，选取劳动力市场就业情况、物质资本投入、人力资本投入、技术进步、制度因素5个渠道变量，基于“贸易自由化→渠道变量→财政政策”的分析思路，探讨贸易自由化作用于财政政策的具体路径，得出贸易自由化对财政收入与财政支出的增长路径由强到弱依次为劳动力市场就业情况、人力资本投入、技术进步、物质资本投入和制度因素，且起着正向的推动作用。

第五章　贸易自由化对税收调整的影响

依据第四章中国的贸易自由化与财政政策调整状况的分析，本章将基于国际贸易学和税收理论，运用相关的计量方法，分别检验进口关税收入对关税率、人均GDP、实际汇率、进口值、国内消费税、国内所得税的影响，以期理论与实证相结合来分析中国的贸易自由化对税收政策的影响。

第一节　引　言

一、国际贸易税收在财政收入中发挥着重要的作用

国际贸易税收[①]易于征收、便于管理，是财政收入中非常可靠和稳定的来源，历来是许多新兴发展中国家一个重要的"税柄(tax handle)"。与发达国家相比，发展中经济体往往更依赖于进口关税(Aizenman,1985)。20世纪七八十年代以前，仍有许多发展中国家40%以上的财政收入依靠进出口关税。第二次世界大战后，各国生产力快速发展，国民收入大幅提高，关税在政府税收总额中的比重逐步下降(Bilal、Dalleau和Lui,2012)。图5.1为1978—2020年中国的关税以及关税和进口环节税占中央财政收入的比重。由图5.1可以看出，随着经济的增长和国家实力的提高，财政收入对关税的依赖度有所下降，关税收入占中央财政收入的比重从1978年的16.4%下降到2020年的3.1%，同时，关税收入占税收总额的比重逐步下降，从2002年的14.7%下降到2020年的1.7%，比重最高时是2004年，达到19.6%。但是，关税作为有效可靠的财政收入来源之一，其财政收入职能依然具有非常重要的作用，关税、进口环节增值税和消费税收入占中央财政收入的比重从2002—2014年的25%以上下降到2020年的19.9%，海关代征进口关税和进口环节税始终超过19.9%，是稳定的中央财政收入来源之一。

从比较优势的角度看，贸易自由化可以更好地促进竞争，提高资源配置的效

① 包括关税及海关代征的增值税和消费税等。

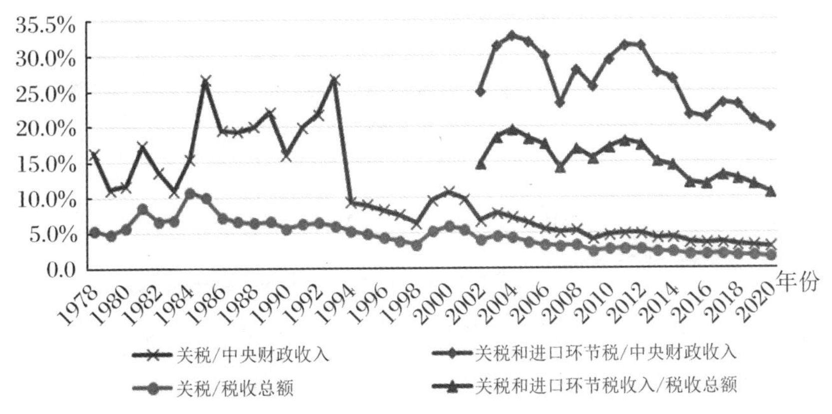

图 5.1 关税和进口环节税在财税收入与税收总额中的比重

注:数据来源于《中国统计年鉴—2021》、EPS 数据库。

率,克服国内市场限制,更容易进入国际市场,产生规模效应,并通过资本积累和技术进步刺激经济增长。尽管贸易自由化有助于经济增长,但降低关税的效果尚不明确。一方面,关税削减意味着较低的税率,关税收入可能减少;另一方面,关税下降后,进口量往往增加。两种影响哪个较大,取决于进口的需求弹性。贸易自由化往往还伴随着名义汇率和实际汇率的贬值,进而提高进口商品的国内价值,对国际贸易税税收收入产生积极影响。但政府支出的国内成本上升,消费将从可贸易商品转向不可贸易商品,国际贸易税收收入下降,国内间接税税收收入增加。因此,贬值的总体效应不确定。当贸易制度由于高关税税率而受到严格限制时,贸易量可能会减少,反之,减少限制将导致贸易量大幅增加。

二、贸易自由化下关税和其他税收的调整

贸易自由化涉及削减关税,但是,贸易自由化不一定会降低国际贸易税收收入,因为关税削减带来的贸易量增加可能足以抵消较低税率带来的直接收入损失。此外,贸易自由化带来效率的提高,其中一部分可以通过其他税收来获得,将关税税率降低带来的损失降到最低。随着关税的相对重要性在许多国家下降,Keen 和 Mansour(2009)的研究表明,从总体上看,代替关税降低导致的收入损失的负担落在了间接税上,最明显的是营业税或增值税的引入。这里选取 1978—2020 年的数据,如图 5.2 所示,部分年份数据缺失,1983 年之前,政府对企业没有征收所得税,企业利润直接上缴,“利改税”后自 1985 年开始缴纳企业所得税。

由图 5.2 可知,随着贸易自由化关税税率的不断下降,国内增值税占税收总额的比重从 1985 年的 7.2%上升至 2020 年的 36.8%。其中,自 20 世纪 80 年代中期至 20 世纪 90 年代中期,国内增值税所占比重不断增加,1994 年更是高达 45.0%,直至 1997 年一直在 40%的水平,从 1998 年至 2009 年也平均在 30%以上,2005 年

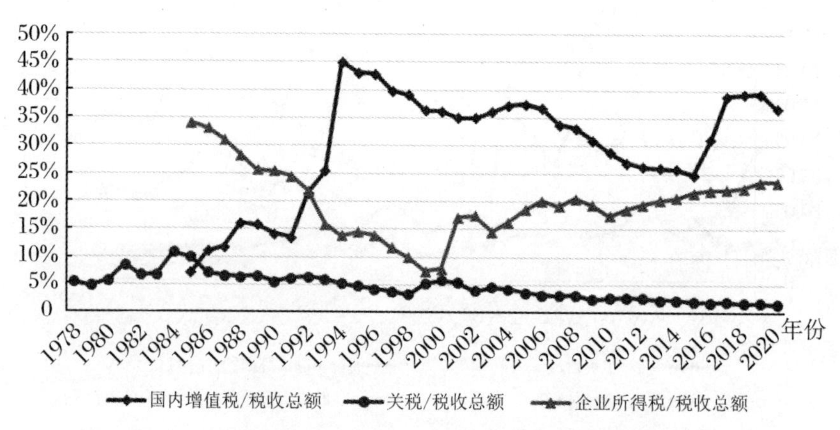

图 5.2　国内增值税、关税和企业所得税占税收总额的比重

注:数据来源于《中国统计年鉴—2021》、EPS 数据库。

之后国内增值税所占比重逐年下降,从 2005 年的 37.5%降至 2015 年的 24.9%,2016 年之后增值税在税收总额中的比重逐年增加。企业所得税在税收总额中的比重从 1985 年的 34.1%下降到 1999 年的 7.6%,接着从 2000 年的 7.9%上升到 2020 年的 23.6%。1994 年分税制改革把不合理的产品税取消,开始将增值税转为生产性的增值税,并调整了营业税和消费税,到 2001 年流转税一直保持在 54%以上,1993—2000 年更是处于 84.1%—90.0%的高位。2001 年之后,流转税开始缓慢下降,所得税所占的比重开始缓慢上升。这样的税种结构的总体效果是重效率,有助于充分发挥税收筹集财政收入的功能,不断增加财政收入来保证并实现经济的长期持续增长。

贸易自由化涉及关税的逐步取消,改革开放后中国不断进行贸易改革,推进贸易自由化,贸易开放度从 1978 年的 9.7%上升到 2020 年的 31.7%,自 2010 年以来,中国已经成为世界上第一大出口贸易国和第二大进口贸易国,为促进中国经济持续高速发展、增加政府财政收入做出了重要贡献①。贸易自由化过程的一个突出表现是关税总水平的持续下降,1992 年中国关税的算术平均值为 42.5%,1995 年下降到 35.9%,2001 年为 15.3%,2020 年已经下降到 7.5%,关税降低可能会导致潜在收入的损失,贸易自由化的实施往往会引起把国际贸易税收收入作为重要政府财政收入来源的,包括中国在内的发展中经济体显著的收入损失。随着中国经济进入新常态,贸易自由化对中国税收的影响怎样?在避免收入损失的同时,进行了贸易改革,如果贸易税的下降能够通过其他税种收入的增加来弥补,特别是加强国内税收改革,对经济的影响是什么?因此,研究贸易自由化的税收效应,对新常态下税收政策更好地服务更高水平的中国对外开放具有积极意义。

① 根据《中国统计年鉴》《国际统计年鉴》(其中,2015 年世界贸易额取自 http://news.sina.com.cn/o/2016-08-15/doc-ifxuxnpy9631751.shtml)数据计算所得。

第二节　相关文献回顾

一些学者就贸易自由化与税收之间的关系进行了研究，总体而言，贸易自由化对税收的影响还存在争议。Agbeyegbe(2003)使用动态面板模型表明贸易自由化与较高的税收和贸易税收收入有关。Khattry 和 Rao(2002)通过 1978—1999 年 80 个发达国家和发展中国家的样本研究，发现贸易自由化对总体税收和贸易收入产生不利影响，贸易品的关税被国内间接税所取代。Uneca(2004)运用 Arellano 和 Bond 的广义矩阵法(1991)估算了 1980—2002 年除刚果民主共和国、厄立特里亚、利比里亚、利比亚和索马里以外的所有非洲国家的税收和贸易税收入，发现伴随着贸易税收入的减少和国内税收收入的增加，大多数国家实行增值税改革。Fukasaku(2003)回顾了 22 个非洲国家贸易自由化的财政影响，发现贸易自由化导致毛里求斯的贸易税收占政府总税收的比例下降 20%以上，科特迪瓦和塞内加尔则超过 10%，喀麦隆、突尼斯和莫桑比克超过 5%。Ebrill 等(1999)发现，从长远来看，贸易自由化会减少贸易税产生的总收入，降低关税和非关税壁垒导致更多的进口，许多发展中国家在避免收入损失的同时进行了贸易改革，一些国家诉诸其他政府收入来源，如消费税或增值税。墨西哥和智利在 20 世纪 80 年代实施自由化改革后，在短期内看到了收入的增长(WTO，2003)。Paudel(2006)研究 1975—2005 年 WTO 对尼泊尔的税收影响，得出履行 WTO 承诺导致约 25%的进口关税损失。Matlanyane 和 Harmse(2001)通过 1974—2000 年的数据，运用最小二乘法分析得出贸易自由化对南非关税收入产生重要影响，导致贸易税收收入的减少，需要政策的支持。Rodrik(1995)的研究表明人均收入与贸易税在总税收收入中所占的比重存在显著的负相关关系，人均收入每增加 1000 美元，贸易税税收所占份额下降 3.7%。Jaffri 等(2015)基于 ARDL 模型考察了 1982—2013 年巴基斯坦贸易自由化和税收之间的关系，实证研究表明巴基斯坦的贸易自由化和总税收收入之间存在着正相关的关系，通过健全稳定的贸易政策和有力的市场环境来加大对原材料、资本和中间品的进口，能够促进巴基斯坦的贸易和税收收入的增长。Karimi 等(2016)基于 103 个发展中国家 1993—2012 年的大型面板数据集，运用动态面板阈模型分析贸易自由化与对外贸易税收收入之间的关系，经验研究表明两者之间是非线性关系，并且存在 Laffer 效应，研究还发现贸易自由化推进过度会对对外贸易税收产生不利影响，当贸易自由化水平达到更高水平时，这种不利影响会消失，从而主张各个发展中国家继续推进贸易自由化，而不用担心其暂时对贸易税收收入可能带来的不利影响。Onaran 等(2012)利用欧盟国家的数据分析得出经济开放会降低资本税和消费税的实际税率，但会提高劳务税的税率。Andersen 和

Sorensen(2012)指出经济开放会带来税收收入的增加。

国内学者李建军和肖育才(2011)借鉴 Dreher(2006)等的研究,以中国为例,选取 1999—2007 年各个省市的面板数据,得出提高经济开放度明显增加各个地方的所得税、财产税、城建税和非税收入,从整体上来说,经济的开放会增大地方总的税收收入,地方财政中个人所得税、财产税以及非税收入所占的比重上升,城建税的比重则下降。白景明(2015)认为,经济开放导致进口环节税在税收总额中的比重增加。刘婷婷(2017)从理论和实证两个层面对中国贸易发展与财税政策的相关性进行了分析,得出财税政策有利于促进我国对外贸易的发展。因此,在全球新冠肺炎疫情、中美贸易摩擦等对世界经济一体化进程产生深远影响的背景下,"十四五"期间中国应积极推进税制改革,提升税收政策与新发展格局的适配性,助推开放型经济体制新发展。

综上所述,学者们从不同层面、方法考察得出贸易自由化对税收产生的影响,但由于国家和时间样本的差异,现有成果关于贸易自由化对中国税收效应的实证研究相对较少。本书将在综合现有文献的基础上,建立进口关税收入模型,运用协整、误差修正模型测度贸易自由化与税收的长期均衡与短期动态关系,结合中国贸易和税收方面的经验证据,以期从税收角度探讨促进外贸发展的政策建议。

第三节 实证分析

一、研究方法的选择

本章以宏观经济理论为基础,运用进口关税收入模型来考察中国通过增加国内直接税或间接税来弥补贸易自由化带来的收入损失。参照 Ebril(1999)、Khatty 和 Rao(2002)的方法,假定关税率与进口关税收入之间的关系是非线性的,过高的关税率可能导致进口关税收入的下降。因此,这里采用二次形式来估计贸易自由化对进口税收的影响,关税率对进口关税收入的总体边际效应为 $\gamma_1+2\gamma_2 CTR$,这取决于 CTR。通过 $\gamma_1+2\gamma_2 CTR=0$,求解得出 $CTR=-\gamma_1/2\gamma_2$,从而得到关税收入的最高收益,建立如下计量模型:

$$IDR_t=\gamma_0+\gamma_1 CTR_t+\gamma_2(CTR_t)^2+\gamma_3\log(pcGDP_t)+\gamma_4 RER_t+\gamma_5 IMPORT_t+\gamma_6 VAT_t+\varepsilon_t \tag{5.1}$$

式中,t 为不同的年份;被解释变量 IDR 为进口关税收入;解释变量 CTR、$(CTR)^2$、$pcGDP$、RER、$IMPORT$、VAT、CIT 分别为关税率、包含拉弗曲线效应的关税率的平方、人均国内生产总值、实际汇率、进口、国内增值税和企业所得税;γ 为等式各变量的参数;ε 为随机误差项。人均 GDP 取对数形式,其余变量采用线性形式，假定税收函数是非线性的。

使用1994—2020年的时间序列数据，运用单位根检验和协整分析，建立误差修正模型，对贸易自由化和进口税收收入之间的关系进行实证研究。由于多数的宏观经济变量都是非平稳的，数据的非平稳性将导致回归模型出现“伪回归”。因此，时间序列数据建模进行平稳性检验是十分必要的。单位根检验是平稳性检验应用最为普遍的一种统计检验方法。目前常用的有Q统计、Ljung-Box统计、加权对称检验、Phillips-Perron（PP）、Dickey-Fuller（DF）和Augmented Dickey Fuller（ADF）检验来测试时间序列变量中的单位根。ADF检验和PP检验使用不同的方法来控制序列中的高阶序列相关性，并在经济研究中广泛使用。本章将采用ADF检验和PP检验方法考察贸易自由化和税收变量的平稳性，并对差分序列进行回归。ADF方法通过假设序列遵循自回归过程，将因变量的滞后差分项添加到回归的右侧来控制高阶相关性。PP检验是控制序列中高阶序列相关性的非参数方法，通过AR(1)回归与IDR系数的t统计量建立相关性，以解决误差项序列相关的问题。

自Engle和Granger（1987）提出静态长期回归的Engle-Granger方法以来，该方法已经成为一种广泛应用的方法。Engle和Granger（1987）的两步估算法和Johansen（1988）方法是两种普遍用于识别和估算协整矢量和短期调整参数的方法。协整分析为时间序列数据长期模型提供了一个正式的框架，是在时间序列的向量自回归分析的基础上发展起来的空间结构与时间动态相结合的建模方法，表达了两个线性增长量的稳定的动态均衡关系，更是多个线性增长经济量的相互影响及自身演化的动态均衡关系。其基本思想是通过最小二乘法建立线性回归模型，对参数估计并得到模型的残差序列后，对残差序列进行单位根检验。如果残差序列是平稳的，则变量存在协整关系。协整关系只是反映了变量之间的长期均衡关系，误差修正模型建立了短期的动态模型以弥补长期动态模型的不足，从而既能反映不同的时间序列间的长期均衡关系，又能反映短期偏离向长期均衡修正的机制。

二、指标选取与样本数据

为了考察贸易自由化对进口关税收入的影响，贸易开放度是衡量经济开放程度常用的指标之一，作为贸易自由化的代表。本章试图以进口关税收入、关税率、人均国内生产总值、实际汇率、进口、国内增值税、企业所得税作为贸易自由化和税收的主要衡量指标，并展开有关贸易自由化对收入影响的研究。

（1）进口关税收入。一个国家的贸易开放度越高，对外贸易额越大，关税收入越高，从而增加了财政收入。从财政收入的角度来看，关税税率的下降导致关税收入的减少，但这并不是绝对的，因为关税下调只减少进口关税收入，而贸易量增加的经济增长效应可能会带来其他税收的增加，总体效应不确定。这里用进口关税收入占国内生产总值的比重来表示进口关税收入，用“IDR”表示，数据来源于中国宏观经济数据库。

(2) 关税率。贸易自由化需要降低关税税率，对税收收入的影响取决于进口商品的需求弹性和供给弹性，关税率的下降可能会使税收收入增加。拉弗曲线表明，如果关税税率过高，征收关税后进口商品无利可图，关税收入可能为零；如果关税率过低，关税总收入可能仍然较低；关税率下调的同时贸易量持续大幅增加，进口量的增加甚至超过关税的下降幅度，关税收入可以不减少甚至增加。从中国的实际情况看，关税水平的下降对关税收入也产生了较为显著的影响。参照 Ebrill 等(1999)采用的进口关税收入占进口总额的比重来衡量关税税率的方法，该指数下降表明贸易自由化程度提高了，用“CTR”表示，数据来源于中国宏观经济数据库。

(3) 人均国内生产总值。人均国内生产总值反映了一个国家或地区的宏观经济运行水平。Farhadian-Lorie 和 Katz(1989)指出，从历史上看，关税是经济发展初期政府收入的主要来源，它比国内收入税或消费税更容易征收。随着征税成本的降低，对关税的依赖程度下降，对间接税的依赖程度上升。用实际人均 GDP 的对数来反映，即用“pcGDP”表示，数据来源于中国财政税收数据库。

(4) 实际汇率。关税减让会对汇率产生影响，汇率可能上升，实际汇率指数也上升，本币产生一定幅度的贬值效应，而实际贬值意味着较高的进口名义价格，从而增加了进口关税收入，实际汇率的高估则会对整体经济活动产生不利影响，从而降低税收收入。Edwards(1989)指出，关税主要通过调节进口商品的价格进而扩大进口量来影响汇率，只要马歇尔-勒纳条件成立，低关税政策将导致一个国家实际汇率贬值。由于价格水平的数据难以获得，现实中实际汇率通过价格指数变动来计算。实际汇率表示为

$$RER_t = \frac{e_t}{e_0}\left(\frac{p_t^* / p_0^*}{p_t / p_0}\right) \tag{5.2}$$

式中，RER 为实际有效汇率；e_t 和 e_0 分别为 t 期和基期的名义汇率；p_t^* 和 p_0^* 分别为国外和国内(地区)的价格指数。人民币汇率和物价指数的数据来源于《中国统计年鉴》和《国际金融统计年鉴》。

(5) 进口。国外商品进入国内是在其东道国价格基础上加上关税，进而影响进口商品的需求量。假定进口份额(IMPORT)与进口关税收入对 GDP 的比率(IDR)正相关，高关税会阻碍进口，通过削减进口关税来鼓励更多的进口将可能增加而不是减少进口税收收入。Tanzi(1987)等研究发现贸易税收收入与进口正相关。采用进口值占 GDP 的比重来表示一个国家的进口水平，用“IMPORT”表示，数据来源于《中国统计年鉴》。

(6) 国内增值税、企业所得税。关于贸易自由化对收入影响的许多研究都强调一些政策决策，这些政策决策倾向于用消费税或增值税等国内税来代替部分进

口税收收入，以抵消贸易自由化带来的部分收入损失。同时，贸易自由化带来的效率提高意味着实际税收总收入的增加，其中一部分通过所得税作为政府收入。1994年税制改革后，中国基本上形成了以增值税、消费税和营业税为主体，其次是所得税、商品税和劳动税的结构，而资源税、财产税、行为税在整个税收收入中所占的比重较小。增值税是根据社会经济中的商品交易额为税基从价征收的，可以反映经济发展的速度和规模，但是不能很好地反映整个社会的经济效益。消费税和营业税的征税范围没有增值税那么广泛，2016年5月1日开始，以增值税代替营业税试点全面实施，营业税逐步退出历史舞台。所得税包括企业所得税和个人所得税，税基是整个社会营利机构的净收入和相对高收入群体的个人收入，可以代表整个社会经济效益的提高，反映整个社会以税收制度为代表的经济制度的成熟程度，随着经济的发展，所得税的地位逐渐提高。在这里，增值税占GDP的比重和企业所得税占GDP的比重分别表示国内增值税、企业所得税，分别用“VAT”“CIT”表示，数据来自中经网统计数据库和各年度《中国统计年鉴》《中国财政年鉴》，时间取自1994—2020年。1994年，我国进行了规模较大的税制改革，尽管之后对各税种进行了一定调整，但是总体上各年度税制变化并不剧烈，时间序列数据资料相对比较稳定。

三、实证检验

（一）平稳性检验

时间序列分析要求相关时间序列数据平稳，否则可能出现“伪回归”。这里关税收入、关税率、人均国内生产总值、实际汇率、进口、国内增值税、企业所得税均为时间序列数据，首先对变量进行平稳性检验，这里运用ADF和PP单位根检验方法确定各时间序列的平稳性与单整阶数，结果如表5.1所示。

表5.1　变量序列的ADF、PP单位根检验结果

变量	ADF检验				PP检验				I(d)
	*ADF*值	1%	5%	10%	*PP*值	1%	5%	10%	
进口关税收入	−3.4128**	−3.7529	−2.9981	−2.6388	−4.6916***	−3.7241	−2.9862	−2.6326	I(1)
关税率	−4.3254***	−3.8085	−3.0207	−2.6504	−4.6657***	−3.7241	−2.9862	−2.6326	I(1)
人均国内生产总值	−2.7030*	−3.7241	−2.9862	−2.6326	−2.7931*	−3.7241	−2.9862	−2.6326	I(1)
实际汇率	−4.8051***	−3.7241	−2.9862	−2.6326	−4.6520***	−3.7241	−2.9862	−2.6326	I(1)
进口	−3.3653**	−3.7241	−2.9862	−2.6326	−3.3251**	−3.7241	−2.9862	−2.6326	I(1)

续表

变量	ADF检验				PP检验				I(d)
	*ADF*值	1%	5%	10%	*PP*值	1%	5%	10%	
国内增值税	-3.5176**	-3.7379	-2.9919	-2.6355	-2.9009*	-3.7241	-2.9862	-2.6326	I(1)
企业所得税	-4.5307***	-3.7379	-2.9919	-2.6355	-4.1177***	-3.7241	-2.9862	-2.6326	I(1)

注：*、**和***分别表示10%、5%和1%显著性水平。

从表5.1所列的ADF和PP单位根检验结果看，水平值检验结果不能拒绝原假设，是不平稳的。继续对所有变量进行一阶差分，得出进口关税收入、关税率、实际汇率、进口、国内增值税、企业所得税均是平稳数列，为一阶单整即I(1)。其中，关税率、实际汇率、企业所得税的一阶差分序列*ADF*检验值的绝对值均大于1%的显著性水平临界值的绝对值，进口关税收入、进口的一阶差分序列*ADF*检验值的绝对值均大于5%显著性水平临界值的绝对值，人均国内生产总值、国内增加值则大于10%显著性水平的临界值的绝对值。

（二）协整分析

由于各变量均是一阶单整的，这满足了协整检验的基本条件，因此，可以通过协整分析来进一步考察变量之间的影响关系。这里采用Johansen极大似然法来检验，它是一种基于VAR模型的直接检验回归系数方法，进行多变量协整检验。首先建立包括以上变量的VAR模型，确定变量序列的滞后阶数，不同滞后阶数VAR模型的*LR*值、*FPE*值、*AIC*值、*SC*值、*HQ*值如表5.2所示。

表5.2 VAR模型的最佳滞后阶数检验结果

滞后阶数	Log*L*	*LR*	*FPE*	*AIC*	*SC*	*HQ*
0	537.6262	NA	8.65E-28	-42.4501	-42.1088	-42.3554
1	740.4917	275.8971	4.59E-33	-54.7593	-52.0291	-54.0021
2	866.2036*	100.5695*	3.11e-35*	-60.8963*	-55.777*	-59.4764*

考虑样本区间限制，本文从最大滞后阶数2开始建立滞后VAR模型。由表5.2可知，根据*LR*值、*FPE*值、*AIC*值、*SC*值和*HQ*值，滞后2阶拟合优度最好，这里进口关税收入VAR模型选择最佳滞后阶数是2，建立VAR(2)模型，并进行进行Johansen协整检验，其结果如表5.3所示。协整检验结果表明，迹检验和最大特征根检验在5%的显著性水平下均有至多3个协整关系，说明中国的关税收入、关税率、人均国内生产总值、实际汇率、进口、国内增值税、企业所得税之间存在着长期的均衡关系。

表 5.3　Johansen 协整检验结果

非约束的协整秩检验(迹检验)				
方程数量	特征值	迹统计量	0.05 临界值	P 值
没有*	0.975818	309.6605	125.6154	0.0000
至多 1 个*	0.962067	216.6070	95.7537	0.0000
至多 2 个*	0.922403	134.8085	68.81889	0.0000
至多 3 个*	0.819643	70.9029	47.85613	0.0001
至多 4 个	0.475363	28.0824	29.79707	0.0778
至多 5 个	0.378758	11.9562	15.49471	0.1590
非约束的协整秩检验(最大特征根检验)				
方程数量	特征值	最大特征根统计量	0.05 临界值	P 值
没有*	0.975818	93.0535	46.23143	0.0000
至多 1 个*	0.962067	81.7985	40.07757	0.0000
至多 2 个*	0.922403	63.9056	33.87687	0.0000
至多 3 个*	0.819643	42.8205	27.58434	0.0003
至多 4 个	0.475363	16.1262	21.13162	0.2176
至多 5 个	0.378758	11.9009	14.2646	0.1144

根据结果,可以提取如下协整方程:

$$IDR_t = 0.6712CTR_t - 0.2239\,(CTR_t)^2 - 0.0084\log(pcGDP_t) + 0.0101RER_t + 0.0246IMPORT_t - 0.0006VAT_t + 0.0181CIT_t \quad (5.3)$$

经过标准化后的协整方程(5.3)表明,进口关税收入与关税率、实际汇率、进口、企业所得税正相关,与人均国内生产总值、增值税负相关。长期来看,关税率提高、本国货币贬值、进口增加、企业所得税增加,导致进口关税收入上升,贸易自由化降低进口关税收入,积极扩大进口、本币贬值、企业所得税增加对进口关税收入的增加具有正效应,而人均国内生产总值和增值税上升会导致进口关税收入下降。关税率、实际汇率、进口、企业所得税每增加 1 个百分点,会引起进口关税收入分别增加 0.6712、0.0101、0.0246、0.0181 个百分点。

(三) 向量误差修正模型

通过协整检验,证明了进口关税收入与各解释变量之间存在着长期均衡关系。为了进一步检验进口关税收入与各个解释变量之间的短期关系,这里采用误差修正模型,既能将内生变量的长期行为收敛到各变量之间的协整关系,又能观测到变量冲击的短期动态效应。误差修正模型的滞后差分项系数显著,说明存在短期互动关系。在估计误差修正模型之前,对所建立的模型进行平稳性检验,结果表明,该模型所有特征值的倒数均在单位圆内或圆上,所建立的模型是稳定的,结果稳健。误差修正项用 ECT_{t-1} 表示,它反映了变量在短期偏离长期均衡关系的程度。因此,进口关税收入方程被指定为包括误差修正模型,估算结果如表 5.4 所示。

表 5.4　VECM 模型估计结果

变量	回归系数	标准误	T 值	P 值
常数项	0.000127	0.000112	1.135769	0.2728
$D(CTR)$	0.400206	0.400206	9.321685***	0.0000
$D(CTR)^2$	−3.538300	0.647668	−5.463143***	0.0001
$D(pcGDP)$	0.00255	0.002471	−1.032204	0.3173
$D(RER)$	−0.000261	0.000394	−0.663436	0.5165
$D(IMPORT)$	0.025831	0.001389	18.59878***	0.0000
$D(VAT)$	−0.000188	8.11E−05	−2.31423**	0.0343
$D(CIT)$	2.77E−05	1.18E−05	2.343634**	0.0323
ECT_{t-1}	−1.190591	0.21932	−5.428551***	0.0001
拟合优度 R^2	0.988132			
调整后的拟合优度 $\bar{R}^2$	0.982198		AIC 准则	−15.04389
回归标准差	0.000114		SC 准则	−14.60509
残差平方和	2.09E-07		F 值	166.5232
DW 检验	2.063631		P 值(F 统计)	0.000000

注：*表示在 10%的检验水平下显著,**表示在 5%的检验水平下显著;***表示在 1%的检验水平下显著。

误差修正模型可以视为短期动态方程,在贸易自由化对税收效应的分析中,代表贸易自由化状况的各自变量当期及其滞后期的参数可以反映对税收的影响程度。从表 5.4 的估计结果来看,误差修正项为 $-1.190591<0$,误差修正为负且系数显著,表明进口关税收入与各解释变量之间存在着长期均衡的关系。调整后的拟合优度 R^2 表明解释进口税收入变化的约 98.2%,模型的拟合效果较好。同时,F 统计值为 166.5232,拒绝了所有解释变量不为零的原假设,通过了显著性检验。另外,DW 检验的统计量不存在自相关。从短期来看,关税率、人均国内生产总值、实际汇率、进口、国内增值税和企业所得税均会影响关税收入的增加,并且以约 119.1%的速度对下一期进口关税收入产生影响,在经过短期误差修正后,最终实现长期均衡。因此,该误差修正模型具有一定的修正速度,进一步说明贸易自由化对税收政策可以有效地发挥支持作用。

结果还表明,关税率系数为正且在1%的显著性水平下通过了显著性检验,关税率降低1%会导致进口关税收入减少约0.4%,这表明关税率的下降导致进口关税收入的减少。关税率的平方项为负且1%显著,表明由于"拉弗效应"存在收入最大化的关税率,关税率的增加会导致进口关税收益递减。人均GDP和实际汇率的影响不显著,宏观经济环境变量不支持进口收入恢复,中国建设更高水平开放型经济新体制,但资本市场相对封闭,因而所得税通过实际汇率等途径影响国际贸易需要较长时间。进口值占GDP的百分比的系数为正且显著水平为1%,表明进口占GDP的比例每增加1%,会使进口关税收入占GDP的比例提高约0.03%。这与更高的进口导致进口关税收入上升的理论结论相一致。

增值税占GDP的系数为负且5%显著,表明随着增值税占GDP比例的增加,进口税收入占GDP的比例将下降,进口税收入的减少部分被增值税等间接税收入所取代。增值税是中国最大的税种,也是近年来改革最频繁的税种,1979年试行,1984年正式征收。转型于2004年,从生产型增值税转向收入型增值税。2016年3月,营业税改征增值税,营业税退出历史舞台。2019年3月,增值税深化改革,降低制造业、交通运输业、建筑业等主要行业的税率。企业所得税占GDP的系数为正且在5%的水平上显著,表明随着企业所得税占GDP比重的增加,进口税收入占GDP的比例也将增加。企业所得税是对中国境内企业和其他收入组织的生产经营收入和其他所得征收的一种税,纳税人为全部或大部分所得税的企业,企业所得税收入的比例随着国内生产总值的百分比增加,企业所得税在税收总额中的比重从1985年的34.1%下降到1999年的7.6%,接着从2000年的7.9%上升到2020年的23.6%,它会影响出口企业的积极性,对出口企业产生一定的不利影响。在全球价值链分工背景下阻碍中间品贸易和最终品贸易的进出口活动,减少外国投资,影响汇率波动,导致本币升值,进口增加。

四、实证结论

本章对贸易自由化的税收效应进行了实证分析,通过协整分析和误差修正模型,以进口关税削减以及贸易自由化相关的税收影响因素为代表,建立进口关税收入模型并展开分析,得到以下结论:第一,国际贸易中,关税和进口环节税是中央财政收入稳定可靠的来源之一,一直以来发挥着重要的作用。第二,从长期来看,进口关税收入与关税率、人均国内生产总值、实际汇率、进口、国内增值税、企业所得税之间存在着稳定、有效的均衡关系。进口关税收入与关税率、实际汇率、进口、企业所得税正相关,与人均国内生产总值、增值税负相关。第三,从短期来看,关税率、人均国内生产总值、实际汇率、进口、国内增值税和企业所得税均会影响关税收入的增加,并且对下一期的进口关税收入产生影响,经过短期误差修正,最终实现长期均衡。贸易自由化可以有效支持税收,关税率的下降导致进口关税收入的减少,关税率的增加会导致进口关税收益递减,进口税收入的减少部分被增值税等间接税收入所取代,人均 GDP 和实际汇率的影响不显著,进口增加了进口关税收入,企业所得税随着进口税收入的增加而增加。

本章小结

本章实证探讨了贸易自由化对税收调整的影响。首先指出国际贸易税收在财政收入中发挥着重要的作用。国际贸易税收易于征收、便于管理,是财政收入中非常可靠和稳定的来源。与发达国家相比,发展中经济体往往更依赖于进口关税。中国海关代征进口关税和进口环节税始终超过 19.9%,是稳定的中央财政收入来源之一。贸易自由化涉及削减出于保护性目的而设定的关税,以使贸易量增加到足以抵消较低税率带来的直接收入损失,这并不一定会减少贸易税收入。随着贸易自由化关税总水平的不断下降,中国的国内增值税占总税收收入的比重从 1985 年的 7.2%上升至 2020 年的 36.8%。学者们从不同层面、采用不同的方法,考察得出贸易自由化与税收关系密切,研究了贸易自由化引起的国内税收的变化及其影响,但大多数采用静态分析的方法。

本章通过 1994—2020 年的时间序列数据,以进口关税收入、关税率、人均国内生产总值、实际汇率、进口、国内增值税、企业所得税作为贸易自由化和税收政策的主要衡量指标,运用单位根检验和协整分析,建立误差修正模型,通过进口关税收入模型考察中国是否通过增加国内直接税或间接税来弥补贸易自由化带来的收入损失。实证结果表明,进口关税收入、关税率、实际汇率、进口、国内增值税、企业所得税均为一阶单整平稳数列;中国 1994—2020 年贸易自由化与税收间存在着长期稳定的均衡关系;从短期来看,关税率、人均国内生产总值、实际汇率、进口、国内增值税和企业所得税均会影响关税收入的增加,并且以约 119.1%的速度对下一期进口关税收入产生影响,在经过短期误差修正后,最终实现长期均衡;关税率的下降会导致进口税收入的损失;关税率的平方项为负且 1%显著,表明由于“拉弗效应”存在收入最大化的关税税率,关税率的增加会导致进口关税收益递减;进口税收入的减少部分被增值税等间接税收入所取代;随着企业所得税占 GDP 比重的增加,进口税收收入占 GDP 的比例也将增加。

第六章　贸易自由化对财政支出调整的影响

近年来，贸易自由化对财政支出的影响让研究者们产生了深厚的兴趣。经济开放与政府支出规模正相关的观点最初由 Cameron（1978）提出，理论界关于贸易开放对财政支出的影响存在着截然相反的"效率假说"和"补偿假说"，前者倡导较小的公共部门，后者认为经济风险导致公共支出的增加，国内外现有研究成果还没有得出一致的结论。本章将分析贸易自由化对财政支出的影响，利用计量经济模型实证分析贸易自由化对财政支出规模和内部结构变化的反应。

第一节　引　言

伴随着经济全球化，世界各国和地区的经济开放不断扩大，所面临的外部风险和冲击增大，目前，在国际金融危机深度影响和新冠肺炎疫情冲击的背景下，世界各国和地区面临着更大的外部冲击所带来的不确定性，通过不断地调整财政政策来灵活应对外部风险和冲击是非常有力的工具之一，这为探讨开放经济条件下贸易自由化对财政支出的影响提供了机遇。在经济全球化的背景下，一个国家贸易部门与财政部门都是经济系统的重要组成部分，准确识别贸易政策与财政政策之间的关系，有利于更好地理解开放经济的运行机理和政府宏观调控的内在逻辑。在对外开放战略下，贸易部门在经济中发挥着重要作用，后疫情时代政府部门对经济有着重要的影响，各国纷纷加强了对本国经济的干预，探究贸易政策与财政政策之间的联系，有利于深刻理解和评估贸易政策和财政政策对宏观经济的影响，为包括中国在内的发展中国家应对外部冲击、科学解读政府规模扩张和财政支出结构调整提供新的思路和经验依据。

随着世界经济一体化和中国开放程度的不断提高，外部环境的不确定性等对国内财政政策实施带来的影响不容小觑。作为经济社会活动的守护者和管理者，贸易自由化影响着其他经济和社会组织及其活动，影响着政府的行为决策。同时，政府等公共部门作为社会的重要组成部分，贸易政策也直接影响着它们（Gemmell等，2008）。那么，贸易自由化对财政支出产生了怎样的影响呢？在改革开放初期，政府对宏观经济的管制非常严格，随着贸易自由化的推进，贸易开放度提高带来宏观经济波动风险的增加，政府反周期政策而行，对宏观经济进行干预，那么，贸易自由化是否是政府规模扩张的背后“元凶”？以下立足于中国坚持以高水平的对外开放推动“双循环”发展、建立高水平开放型经济体制的现实情境，将贸易自由化、政府规模、财政支出等纳入到一个系统框架下进行分析，在一定程度上弥补了通常只注重局部关系的研究局限。

第二节 相关文献回顾

美国经济学家Cameron最早开展了关于贸易自由化对政府支出规模影响的研究，当前学术界主要存在“效率假说”（efficiency hypothesis）和“补偿假说”（compensation hypothesis）两种观点。效率假说认为，贸易开放导致的效率提升和技术进步推动了一个国家总产出的增加，从而政府运行成本减少、财政支出下降；政府为了提升企业在国际市场的竞争力，倾向于减少对经济的直接干预，实施减税等抑制政府收支规模的财政措施（Alesina和Perotti，1997；Tanzi，2002）。补偿假说则认为，由于经济全球化和贸易开放程度的提高，外部风险和不安全因素增加，政府部门管理支出扩张，弱质产业的政策扶持需求和开放受损者的利益补偿需求增加，从而导致更大的政府支出规模（Cameron，1978；Rodrik，1998；Epifani和Gancia，2009）。

研究者们围绕“效率假说”和“补偿假说”进行了一系列的实证检验，但是并没有得出一致的结论。Cameron（1978）采用18个OECD国家的数据，研究发现贸易开放程度的提高导致政府提供更多的社会安全、失业保险和就业培训等公共支出，从而扩大了政府规模。Hicks和Swank（1992）、Huber（1993）运用面板数据模型分析了OECD国家贸易开放与财政支出的关系，研究发现贸易开放增加了财政总支出和社会福利支出，支持补偿假说。Garret（1995）基于OECD国家的贸易和财政支出相关数据，研究发现贸易自由化会带来更多的不确定性，政府要加大财政支持力度来规避这些不确定因素。Rodrik（1998）对125个国家1985—1989年和1990—1992年两个时期的截面数据的平均值进行回归，结果表明，无论是高收入国家还是低收入国家，贸易开放通过改善贸易条件而增加政府总支出和消费支出等。Alesina和Wacziarg（1998）以137个发达国家和发展中国家1980—1984年和1985—1989年两个时期截面数据的分析，研究发现贸易开放增加了教育和公共投资支出，而对政府支出的规模没有影响。Bernauer和Achini（2000）基于1960—1994年包括112个国家的7个面板数据模型，得出提高贸易开放度增加了财政支出。Tanzi（2000）认为，贸易开放促进了财政支出的调整，各个国家和地区为了吸引更多的投资，需要不断地加大对基础设施的支持力度来创造良好的投融资环境，通过减免税等优惠条件使财政收入下降，这也影响到了下一年度的财政支出。Figlio 和 Blonigen(2000)将美国南卡罗莱纳州 46 个县 1980—1995 年的数据以 5 年为一个期间分别进行面板分析，得出以外国制造企业雇佣量衡量的经济开放会降低政府教育支出，增加政府对交通和公共安全的支出，从而支持了效率假说。Balle 和 Vaidya(2002)利用美国 48 个州的数据研究美国地方政府规模与贸易开放的关系，结论是贸易开放对政府总支出的影响不显著，但贸易开放显著促进了政府社会福利和保健支出。Bretschger 和 Hettich(2002)利用 13 个 OECD 国家 1980—1995 年数据和面板计量方法，以贸易开放度指数为全球化指标之一，得出贸易开放度对社会福利支出有正向作用。Islam(2004)采用向量回归分布滞后模型和 FMOLS 方法检验了 6 个国家的时间序列数据，结果发现加拿大、英国、挪威、瑞典的政府规模与开放程度正相关，美国、澳大利亚则为负相关。杨灿明和孙群力(2008)基于 28 个省份 1978—2006 年的数据，采用面板固定效应和随机效应模型表明，贸易开放及其带来的外部风险显著扩大了我国地方政府的规模。蔡伟贤和踪家峰(2008)基于 27 个省份 1995—2004 年的数据，采用空间自回归和空间误差固定效应模型实证分析，得出贸易开放扩大财政支出的规模，导致政府总支出及其主要构成部分的支出增加。Ram(2009)运用 154 个国家 1960—2000 年的面板数据实证研究得出贸易开放引起政府规模的增加。Jetter 和 Parmeter(2015)的研究结果支持 Rodrik(1998)的观点，认为经济开放程度高的国家倾向于拥有更大的政府规模。梅冬州等(2012)研究发现，发展中国家的贸易开放与政府支出呈倒“U”型关系，多数发展中国家的贸易开放程度未达到倒“U”曲线的拐点，在此阶段贸易自由化与政府规模是正向的关系。

而 Rodrik(1997)用 OECD 国家 1966—1991 年的面板数据，研究发现贸易开放降低了政府消费支出。Garret 和 Mitchell(2001)利用 1961—1983 年 OECD 国家动态面板数据模型，研究发现贸易开放降低了政府总支出、公关消费和社会保障支出。Kaufman 和 Segura-Ubiergo(2001)基于 1973—1997 年 14 个拉美国家的数据，利用动态面板分析研究表明贸易自由化和资本自由化降低了社会保障支出，资本自由化对政府部门的教育和健康支出具有正向作用。Garen 和 Trask(2005)认为不太开放的国家往往拥有较大的公共部门。Benarroch 和 Pandey(2008)采用 1970—2000 年 96 个国家的数据研究也发现，贸易开放程度提高导致政府支出规模减小。余官胜(2010)通过 1978—2007 年的面板数据，采用 GMM 方法估计贸易开放对财政支出的影响，研究发现贸易阻碍财政支出。高凌云和毛日昇(2011)在 Rodrik(1998)模型的基础上引入就业调整因素，针对 28 个省份 1995—2006 年数据的实证研究表明，贸易开放提升了政府投资性、转移性支出效率，减少地方政府支出规模，贸易开放对政府消费性支出影响不显著。李建军和王德祥(2011)基于 30 个省份 1998—2006 年数据，采用系统 GMM 方法，发现贸易开放促进了基础设施、科教等公共支出的增加，但减少了社会福利的支出。Benarroch 和 Pandey (2012)利用国别面板数据实证检验了经济开放对政府规模的影响，结果表明经济开放程度的提高在一定程度上造成了政府规模的缩小。

已有的研究发现，贸易自由化对财政支出规模和结构的影响并未形成一致的结论，经验研究中采用的样本数据、指标、方法等差异，可以造成贸易自由化对财政支出影响研究结论的不一致，不同国家或地区社会、经济、制度、文化的差异也会使研究结论不同，有必要在既有文献的基础上，进一步检验贸易自由化对中国财政支出规模和结构的影响。

第三节　实 证 分 析

一、基于整体视角的贸易自由化对财政支出的影响

（一）机理分析

效率假说认为开放经济中，政府对经济的干预是低效率的，为了优化资源配置，政府应当减少对经济的直接干预，财政支出也相应减少。同时，为了吸引更多外商投资，政府不得不减少税收、土地出让金等，这些措施会减少财政收入，从而也使得财政支出减少。因此，从这个角度上来讲，贸易开放度越高，财政支出规模越小。补偿假说则强调随着世界经济一体化水平的提高，开放带来的外部冲击增加，由此可能产生更多的失业以及企业经营风险，为了降低这些风险，政府增加财政支出，提供更多的社会福利、政策性补贴等来维护经济发展和社会的稳定。因此，贸易开放越大，财政支出越大。同时，为了吸引更多外商投资也会增加对基础设施的投入，这也会导致政府支出规模的扩大。目前，学术界对于两种影响机理还没有达成共识，两种假说都有一定的道理，哪一种观点更能解释中国的现实情况还没有统一的定论。另外，经济学家瓦格纳提出"瓦格纳"法则，得出经济增长是影响财政支出规模变化的主要因素之一。随着经济的快速发展，政府提供更多的公共服务，政府出于市场失灵的考虑也会对经济进行干预，这也使得政府支出规模趋于变大。而 Brennanan 和 Buchanan 提出著名的"怪兽理论"，认为财政分权影响着财政支出并使政府之间的竞争加大，政府为了创造更好的投资环境而减少收入，从而使财政支出相应减少。这些文献为本书进一步深入分析贸易自由化与财政支出之间的关系，从整体和结构两个方面深入探讨贸易自由化与财政支出的关系以及贸易自由化对财政分类科目的影响，验证两者的关系是否符合"效率假说"或"补偿假说"提供了基础。

（二）实证模型

1. 向量自回归模型的构建

向量自回归模型（Vector Autoregression，VAR）是研究多元时间序列变量的模型，可以用于预测经济系统变量之间的关系，解释经济冲击对宏观经济变量的影响或效应，这里构建 VAR 模型分析贸易自由化对财政支出的影响，其具体表达式如下：

$$\boldsymbol{Y}_t = A_1\boldsymbol{Y}_{t-1} + A_2\boldsymbol{Y}_{t-2} + \cdots + A_p\boldsymbol{Y}_{t-p} + \boldsymbol{BX}_t + \boldsymbol{\varepsilon}_t \tag{6.1}$$

式中，$\boldsymbol{Y}_t$ 为 k 维的内生变量财政支出的列向量；$\boldsymbol{X}_t$ 为 d 维的外生变量向量；$\boldsymbol{\varepsilon}_t$ 为 k 维误差向量；$\boldsymbol{B}$ 为滞后的待估系数矩阵，$t=1,2,\cdots,n$。估计 VAR 模型的前提是时间序列是平稳的，贸易自由化、财政支出等变量可能是非平稳的时间序列数据，需要进行平稳性检验，判断是否存在单位根，确定最优滞后项，判断依据采用 AIC 信息准则和 SC 准则两者中最小的数值。

2. 脉冲响应函数

脉冲响应函数描述一个内生变量对由于误差项带来冲击的反映，在误差项中加入一个标准差冲击，对本模型内生变量的当期值和未来值产生的影响及其程度。在此 VAR 模型中，有

$$\boldsymbol{X}_t = a_{11}\boldsymbol{X}_{t-1} + a_{12}\boldsymbol{Z}_{t-1} + \boldsymbol{\varepsilon}_{1t} \tag{6.2}$$

$$\boldsymbol{Z}_t = a_{21}\boldsymbol{X}_{t-1} + a_{22}\boldsymbol{Z}_{t-1} + \boldsymbol{\varepsilon}_{2t} \tag{6.3}$$

式中，$a_{11}, a_{12}, a_{21}, a_{22}$ 均为参数；$\boldsymbol{\varepsilon}_t=(\varepsilon_{1t},\varepsilon_{2t})$ 为随机误差项，$t=1,2,\cdots,n$。当 $\boldsymbol{\varepsilon}_{1t}$ 发生变化，$\boldsymbol{X}_t$ 会立即发生变化，与此同时，$\boldsymbol{X}_t$ 的变化也会对 $\boldsymbol{X}_t$ 和 $\boldsymbol{Z}_t$ 的当期值和未来值产生影响。

3. 方差分解

方差分解是通过分析每一个结构冲击对内生变量变化的贡献度，来评价不同结构冲击带来的重要性，从而得出随机误差项的相对重要性，通过把系统中的全部内生变量的波动按照其成因分解与各个方程的信息相关联的 K 个组成部分，从而得到对模型内生变量相对重要程度的信息。

（三）数据来源和变量的选取

本章选取 1978—2020 年的时间序列数据，来源于《中国统计年鉴》《中国财政年鉴》等。变量有贸易自由化、经济增长率、财政分权、财政支出 4 个指标，分别用 *TRADE*、*ERATE*、*IDF*、*FE* 表示，其计算公式为贸易自由化用年度中国的对外贸易额除以 GDP 来表示，经济增长率采用当年的 GDP 减去上一年 GDP 的值再除以上一年的 GDP，财政分权用地方财政收入除以全国财政收入总额来表示。

(四) 实证分析

1. 单位根检验

VAR模型进行分析的前提是时间序列数据平稳,首先利用Eviews 7.2软件对贸易自由化、经济增长率、财政分权和财政支出进行单位根检验。本章采用ADF方法检验,检验得出贸易自由化、经济增长率、财政分权和财政支出4个变量均为非平稳的数据,对这4个变量继续进行一阶差分,如表6.1所示,得到贸易自由化、经济增长率、财政分权和财政支出4个变量的一阶差分序列在1%临界值、5%临界值、10%临界值下均是平稳的,因此,为一阶单整序列。

表6.1　单位根检验结果

变量	*ADF*检验值	*P*值	1%	5%	10%	平稳性
ln*TRADE*	−0.546384	0.4742	−2.622585	−1.949097	−1.611824	不平稳
ln*ERATE*	−0.837888	0.3470	−2.621185	−1.948886	−1.611932	不平稳
ln*IDF*	−0.803967	0.3617	−2.621185	−1.948886	−1.611932	不平稳
ln*FE*	−0.521637	0.4846	−2.622585	−1.949097	−1.611824	不平稳
△ln*TRADE*	−2.574097	0.0113	−2.622585	−1.949097	−1.611824	平稳
△ln*ERATE*	−6.048294	0.0000	−2.624057	−1.949319	−1.611711	平稳
△ln*IDF*	−7.519406	0.0000	−2.622585	−1.949097	−1.611824	平稳
△ln*FE*	−3.185577	0.0021	−2.622585	−1.949097	−1.611824	平稳

2. 协整检验和VECM修正

平稳性检验后进行协整检验,考察变量间是否存在长期平稳的关系。常用的协整检验方法有Johanse和EG两步法,其区别在于前者可对多变量进行协整检验,而后者只能检验两个变量之间的协整关系,这里选择Johansen协整检验方法。在进行协整检验之前,我们先确定此VAR模型的最优滞后阶数,依据AIC信息准则和SC准则通过最小阶数的原则来进行判断,经检验,模型的最优滞后阶数为2。在此基础上,进行协整检验,结果如表6.2所示。

表6.2　Johansen协整检验结果

原假设	特征值	迹统计量	5%临界值	*P*值
0个协整向量*	0.469200	51.24628	47.85613	0.0232
至少1个协整向量	0.242857	25.27813	29.79707	0.1517
至少2个协整向量	0.210449	13.87183	15.49471	0.0865

注:*表示在5%的水平上拒绝原假设。

通过Johansen检验可知,在$rank=0$,迹统计量的值大于5%显著性水平的临界值，不存在协整关系的无效假设被拒绝，所以接受原假设，可以判断 *TRADE*、*ERARE*、*IDF*、*FE* 之间存在一个协整关系，这说明贸易自由化、经济增长率、财政分权、财政支出之间相互影响，彼此之间存在着一个长期稳定的均衡关系。原假设 None 表示没有协整关系，该假设下迹检验统计量值为 51.24628，大于临界值 47.85613 且概率 *P* 值为 0.0232，拒绝该原假设，认为至少存在一个协整关系。

协整向量如表 6.3 所示。

表 6.3　变量间的协整向量

Cointegrating Eq：	CointEq1
$\ln FE(-1)$	1.000000
$\ln TRADE(-1)$	1.279362
	(0.73283)
	[1.74577]
$\ln ERATE(-1)$	0.557659
	(0.49401)
	[1.12883]
$\ln IDF(-1)$	9.662121
	(2.21996)
	[4.35239]
C	−47.61917

根据表 6.3，我们可以得出以下 VECM 模型中的协整关系，将其表示成误差修正项的形式如下：

$$\ln FE = 1.279362\ln TRADE + 0.557659\ln ERATE + 9.662121\ln IDF - 47.61917 \tag{6.4}$$

从协整关系可以看到，财政支出与贸易自由化、经济增长率和财政分权之间都呈现出正相关的关系。其中，贸易自由化程度每上升 1 个百分点，财政支出将增加约 1.28 个百分点，经济增长率每上升 1 个百分点，财政支出将上升 0.56 个百分点，财政分权每上升 1 个百分点，财政支出将上升 9.66 个百分点。

3. 稳定性分析

稳定性分析有滞后结构检验和残差模型检验两种方式，这里运用滞后结构检验来验证模型是否稳定。如果 VAR 模型中所有根的倒数都小于 1 并且必须都位于单位圆以内，那么，模型就是稳定的；如果不是所有根的倒数都大于 1，有分布于圆外的，那么，该模型就是不稳定的。如果是后者，则得到的部分结果可能无效。图 6.1 是 AR 根的检验图。由图 6.1 可知，所有 AR 根的倒数都在单位圆内，因此该 VAR 模型结构稳定且有效，下面可以进行脉冲函数分析。

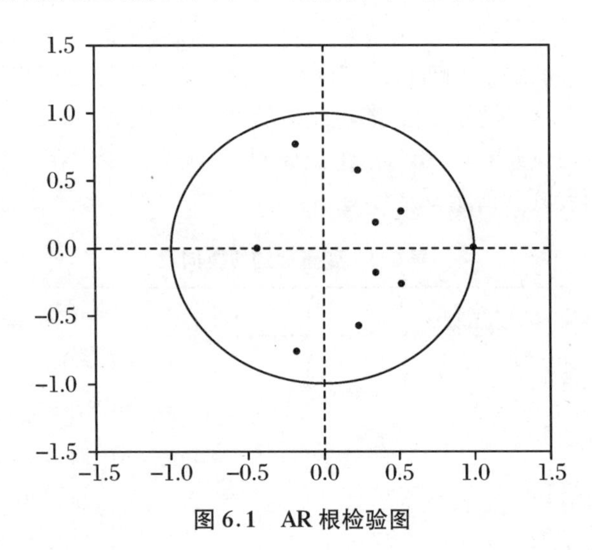

图 6.1　AR 根检验图

4. 脉冲函数分析

这里在 VECM 模型的基础上，通过脉冲响应检验，进一步分析当财政支出、贸易自由化、经济增长、财政分权因素受到一个标准差的冲击后，对财政支出的冲击影响。如图 6.2 所示，当财政支出受到一个标准差的冲击后，对它自身产生了正向影响，在第 2 期正向影响达到最大后开始下降，从第 5 期开始，财政支出对自身产生稳定的正向影响。当贸易自由化受到一个标准差的冲击后，从第 2 期后是负效应，这说明短期内贸易自由化对财政支出现显著的正效应，但是持续期数较短。经济增长率受到一个标准差的冲击后，财政支出缓慢减少，并在第 8 期后开始保持平稳。财政分权对财政支出的响应从第 2 期开始为负，后逐步保持平稳。

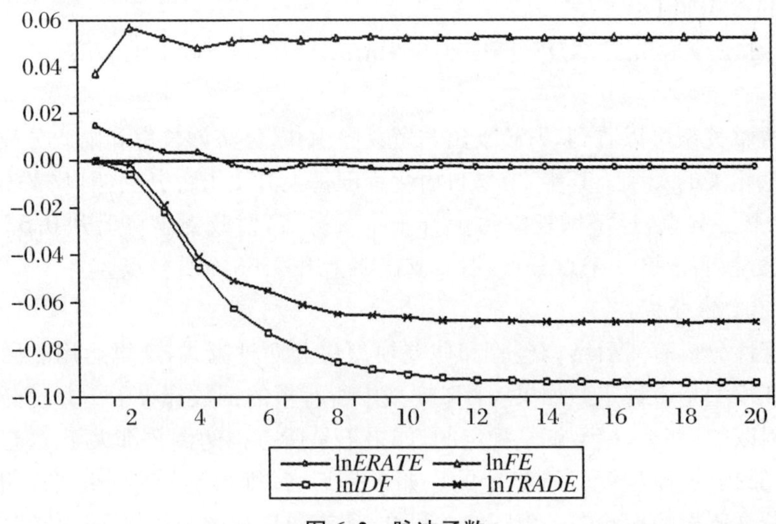

图 6.2　脉冲函数

5. *方差分解*

VAR 模型中的方差分解可以给出随机误差项的相对重要性。图 6.3 为方差分解图，图 6.3 表明仅分别有 20%左右的财政支出变动方差由贸易自由化、经济增长率、财政分权变动导致，财政支出变动方差的主要影响因素是其自身的变动。

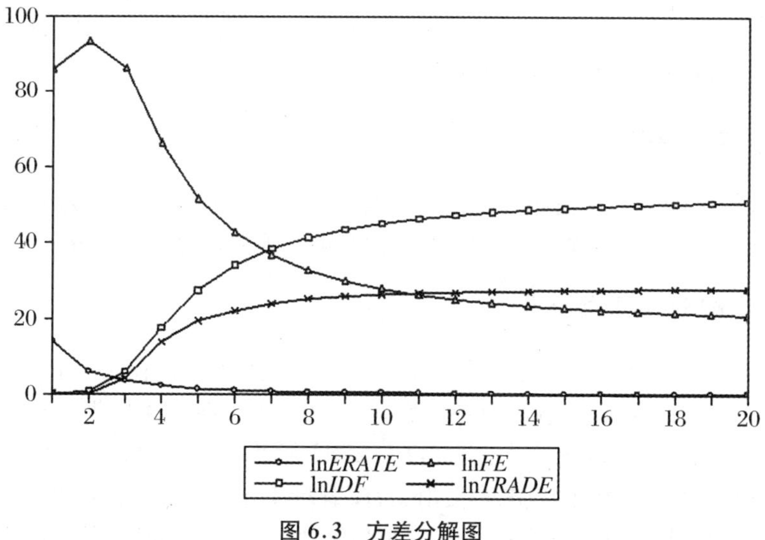

图 6.3　方差分解图

（五）实证结论

建立四变量 VAR 模型，运用 VAR 修正模型、脉冲响应函数以及差分分解，利用 1978—2020 年的数据分析中国贸易自由化对财政支出的影响，通过分析得出：第一，贸易自由化、经济增长率、财政分权、财政支出之间存在着长期协整关系。从协整方程可以看出，贸易开放度的提升与财政支出正相关，符合“补偿假说”。原因可能是随着贸易自由化的推进，外部风险增加，国内经济波动增大，财政支出规模扩大，政府实际性支出增加。政府的财政支出与经济增长率正相关，说明“瓦格纳”法则在中国成立。财政分权与财政支出正相关，说明“怪兽理论”不成立。第二，贸易自由化、经济增长率、财政分权对财政收入的短期冲击都有影响。从短期来看，贸易自由化对财政支出的冲击影响逐渐增大，经济增长冲击影响逐渐变大之后基本保持不变，财政分权对财政支出的冲击逐渐变小。第三，贸易自由化对财政支出的贡献低于 20%，经济增长率的贡献升至第 5 期后保持在 20%左右，财政分权的贡献始终维持在 20%左右，财政支出自身的贡献率达到 40%—80%。总体来说，财政支出的主要影响因素是历年的财政预算，同时跟财政分权也有较大的关联，而贸易自由化对财政支出的解释贡献度在 20%左右。

二、基于结构视角的贸易自由化对财政支出的影响

以上主要从整体的视角探讨了贸易自由化对财政支出的影响，但财政支出包括多个方面，这里进一步分析贸易自由化对财政支出中的经济建设支出、社会文教支出、国防支出、行政管理支出这4个项目的影响，围绕这个主题从结构的视角来分析贸易自由化对财政支出的影响。

（一）实证模型

这里的实证模型与整体视角分析的模型相似，用到的方法也是VAR多变量模型、Johansen协整检验、VECM模型、脉冲响应函数以及方差分解。

（二）数据来源与指标选取

选取1978—2020年的时间序列数据，由于一些变量存在统计口径变化等问题，2007年中国进行财政收支改革将财政支出结构由四大类变为现在的八大类。考虑到数据的可得性和连续性，将2007—2020年的数据还原为2007年以前的经济建设支出、社会文教支出、国防支出、行政管理支出四大类，来增加样本容量、提高研究的严谨性，如表6.4所示。选取1978—2020年的时间序列数据，来源于《中国统计年鉴》，解释变量有贸易自由化、经济增长率、财政分权、财政支出4个指标，仍分别用 *TRADE*、*ERATE*、*IDF*、*FE* 表示。被解释变量为经济建设支出、社会文教支出、国防支出、行政管理支出，分别用 FE_1、FE_2、FE_3 和 FE_4 表示。

表6.4　中国财政支出项目改革对应表

财政支出分类	具体财政支出子项目（1978—2006年）	具体财政支出子项目（2007—2020年）
经济建设支出 FE_1	基本建设支出、挖潜改造和科技三项费用、增拨企业流动资金、地质勘探费、工业交通等流通部门事业费、农林水利气象等部门事业费、流通部门事业费、农业支出、林业支出、城市维护建设费、海域开发建设和场地使用费用支出等	环境保护支出、城乡社区事务支出、农林水事务支出、交通运输支出、工业商业金融等事务支出、资源勘探电力信息支出等
社会文教支出 FE_2	科学事业费、教育事业费、文体广播事业费卫生经费、抚恤和社会福利救济费、社会保障补助支出、行政事业单位离退休经费和支援不发达地区费用等	科学技术支出、教育支出、文化体育与传媒支出、医疗卫生支出、社会保障与就业支出等

续表

财政支出分类	具体财政支出子项目（1978—2006 年）	具体财政支出子项目（2007—2020 年）
国防支出 FE_3	国防支出	国防支出
行政管理支出 FE_4	行政管理费、公检法司支出、武装警察部队支出、外交外事支出	一般公共服务支出、外交支出、公共安全支出

（三）实证分析

为了更好地分析贸易自由化对财政支出的影响，这里假设模型一、模型二、模型三、模型四分别为贸易自由化（*TRADE*）、经济增长（*ERATE*）、财政分权（*IDF*）对经济建设支出（FE_1）、社会文教支出（FE_2）、国防支出（FE_3）、行政管理支出（FE_4）的影响。

1. 单位根检验

从上一部分的分析我们知道，贸易自由化（*TRADE*）、经济增长（*ERATE*）、财政分权（*IDF*）都是一阶单整，现在运用 ADF 检验方法检验变量经济建设支出（FE_1）、社会文教支出（FE_2）、国防支出（FE_3）、行政管理支出（FE_4）的平稳性。从表 6.5 可以看出：经济建设支出、社会文教支出、行政管理支出均为非平稳数据，对其取一阶差分进行检验，发现它们的一阶差分在 1% 的临界值、5% 的临界值和 10% 的临界值是平稳的，证明它们都是一阶单整的时间序列。

表 6.5　单位根检验结果

变量	*ADF* 检验值	*P* 值	1%	5%	10%	平稳性
$\ln FE_1$	0.595212	0.8409	−2.622585	−1.949097	−1.611824	不平稳
$\ln FE_2$	2.272039	0.9936	−2.622585	−1.949097	−1.611824	不平稳
$\ln FE_3$	3.596626	0.9998	−2.622585	−1.949097	−1.611824	不平稳
$\ln FE_4$	2.61261	0.9972	−2.622585	−1.949097	−1.611824	不平稳
$\Delta\ln FE_1$	−4.919153	0.0002	−3.605593	−2.936942	−2.606857	平稳
$\Delta\ln FE_2$	−1.644849	0.0938	−2.622585	−1.949097	−1.611824	平稳
$\Delta\ln FE_3$	−5.036771	0.001	−4.198503	−3.523623	−3.192902	平稳
$\Delta\ln FE_4$	−2.48612	0.0142	−2.622585	−1.949097	−1.611824	平稳

2. 滞后期确定

建立 VAR 模型时最重要的是确定滞后期数，在模型建立的开始无法判断哪个项目是最优滞后期时，本节通过 AIC 准则或 SC 准则来判断，判断方法为 AIC 和 SC 值最小的阶数为最优阶数原则，经检验最优的滞后阶数均为 2。在最优阶数为 2 的基础上，进行协整检验得到如表 6.6 所示的结果。

表 6.6　Johansen 协整检验结果

模型	原假设	特征值	迹统计量	5%临界值	P 值
模型一	0 个协整向量*	0.401398	56.78661	47.85613	0.0058
	至少 1 个协整向量*	0.380727	35.74714	29.79707	0.0092
	至少 2 个协整向量*	0.261284	16.09959	15.49471	0.0405
模型二	0 个协整向量*	0.406928	54.91552	47.85613	0.0094
	至少 1 个协整向量*	0.3395	33.49552	29.79707	0.0179
	至少 2 个协整向量*	0.252822	16.49044	15.49471	0.0353
	至少 3 个协整向量*	0.104841	4.540919	3.841466	0.0331
模型三	0 个协整向量*	0.602347	69.49426	47.85613	0.0001
	至少 1 个协整向量*	0.339367	31.68502	29.79707	0.0299
模型四	0 个协整向量*	0.424666	46.08551	40.17493	0.0114

注：* 表示在 5%的水平上拒绝原假设。

3. 协整检验

协整检验仍然采用 Johansen 检验法，模型一、模型二、模型三和模型四的检验阶数都是滞后 2 阶，从检验的结果来看：模型一存在 2 个协整关系，模型二存在 3 个协整关系，模型三和模型四各存在 1 个协整关系。因此，需要建立 4 个模型中各变量之间的协整方程以及误差修正模型。

从表 6.7 协整的估计结果来看，贸易自由化对财政支出中的经济建设支出、行政管理支出的影响是正相关关系，但对社会文教支出、国防支出的影响负相关；经济增长率与经济建设支出、社会文教支出、国防支出、行政管理支出都是正相关的关系；财政分权与经济建设支出、社会文教支出、国防支出的影响负相关，但与行政管理支出的影响正相关。

表 6.7　协整方程的估计结果

模型	协整方程
模型一	$\ln FE_1 = 12.24110\ln TRADE + 18.9661\ln ERATE + 98.50772\ln IDF - 50.99713$
模型二	$\ln FE_2 = -4.644756\ln TRADE + 14.05869\ln ERATE - 23.14973\ln IDF - 17.60721$
模型三	$\ln FE_3 = -21.06557\ln TRADE + 60.99814\ln ERATE - 41.92935\ln IDF + 15.09051$
模型四	$\ln FE_4 = 8.296704\ln TRADE - 14.54256\ln ERATE + 34.89005\ln IDF - 28.11057$

4. 稳定性检验

为了判断所构建模型的稳定性，利用 AR 根进行检验，如果 VAR 模型中所有的单位根都小于 1，即都落于单位圆内，则该模型稳定，可以作进一步分析；如果 VAR 模型的单位根大于 1，即在圆外，则该模型是不稳定的。如图 6.4 所示，模型一、模型二、模型三、模型四中的单位根都在圆内，说明这 4 个模型是平稳的。只有当 VAR 模型是稳定的，下面进行脉冲函数和差分分解的结果才有效。

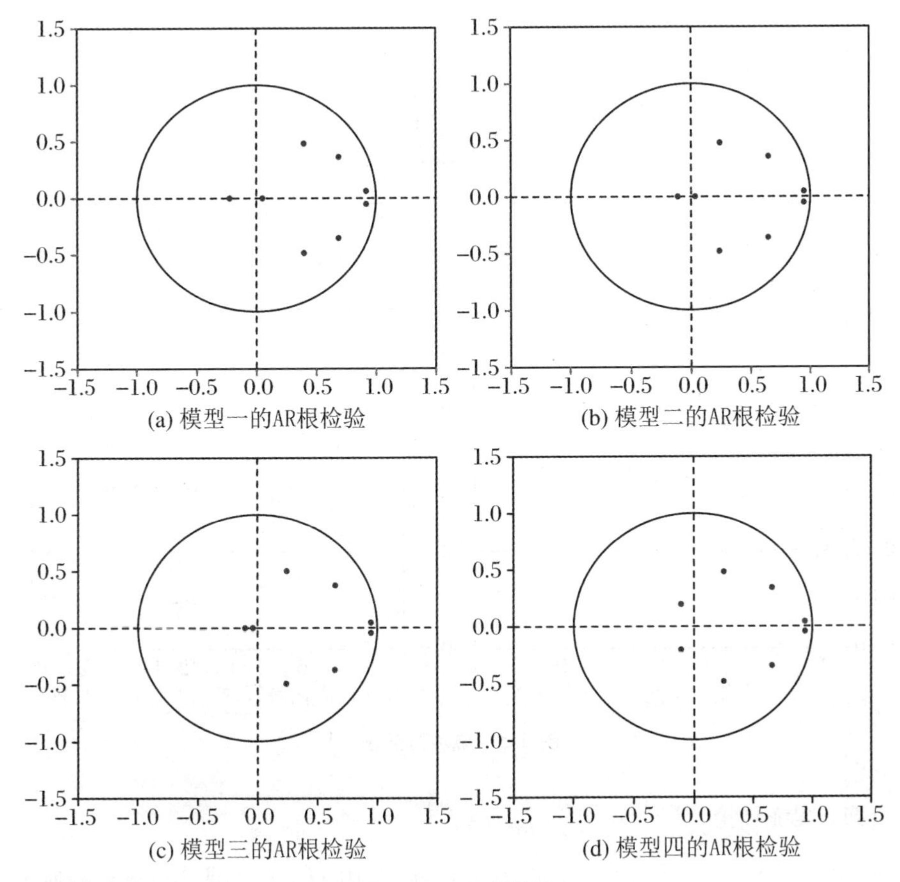

(a) 模型一的AR根检验　(b) 模型二的AR根检验

(c) 模型三的AR根检验　(d) 模型四的AR根检验

图 6.4　AR 根检验

5. *脉冲响应图*

图 6.5 分别表示贸易自由化对经济建设支出、社会文教支出、国防支出、行政管理支出的脉冲响应。从脉冲函数分析的结果来看，当贸易自由化给一个正向冲击后，经济建设支出、社会文教支出、国防支出、行政管理支出均呈现增加的态势。

6. *方差分解*

方差分解可以研究 VAR 模型的动态特征，解释不同结构冲击所带来的重要性。图 6.6 分别表示模型一、模型二、模型三和模型四的方差分解图。由图 6.6 可知，贸易自由化对经济建设支出的贡献在第 10 期后逐步增加至大约 60%，模型二中贸易自由化对社会文教支出的贡献逐步增加至 50%，模型三中贸易自由化对国防支出的贡献为约 30%，模型四中贸易自由化对行政管理支出的贡献为 20%。

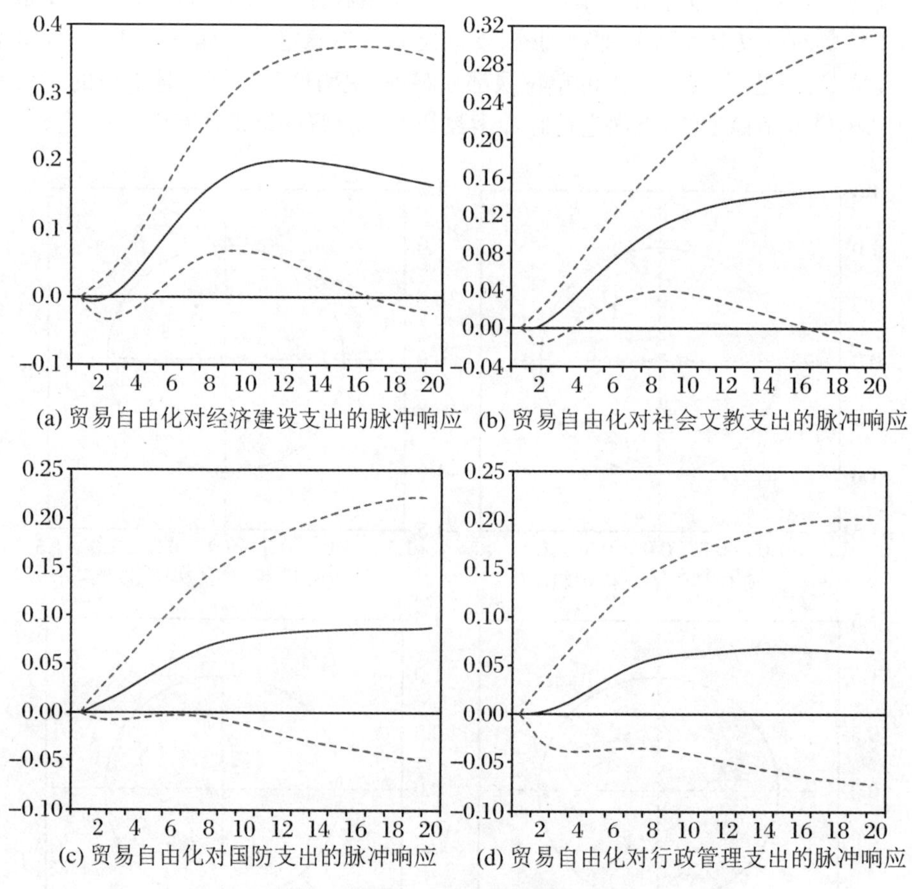

(a) 贸易自由化对经济建设支出的脉冲响应　(b) 贸易自由化对社会文教支出的脉冲响应

(c) 贸易自由化对国防支出的脉冲响应　(d) 贸易自由化对行政管理支出的脉冲响应

图 6.5　脉冲响应图

(四) 实证结论

这里基于 1978—2020 年的时间序列数据，运用 VAR 模型、协整检验、脉冲函数以及方差分解等方法从结构的角度分析了贸易自由化对中国财政支出的影响。为了简化分析，这里选取了经济建设支出、社会文教支出、国防支出、行政管理支出 4 个支出项目。实证分析可得出如下结论：

第一，从长远来看，中国贸易自由化程度的提高会显著提高经济建设支出、行政管理支出，但对社会文教支出、国防支出的影响为负。4 个模型中经济增长对财政支出的协整系数都是正数，说明从长期来看，经济增长会导致政府财政支出的扩张。

第二，从短期来看，贸易自由化会导致经济建设支出、社会文教支出、国防支出、行政管理支出的增加。

第三，从方差贡献率来看，贸易自由化对经济建设支出的贡献率最大，逐步增

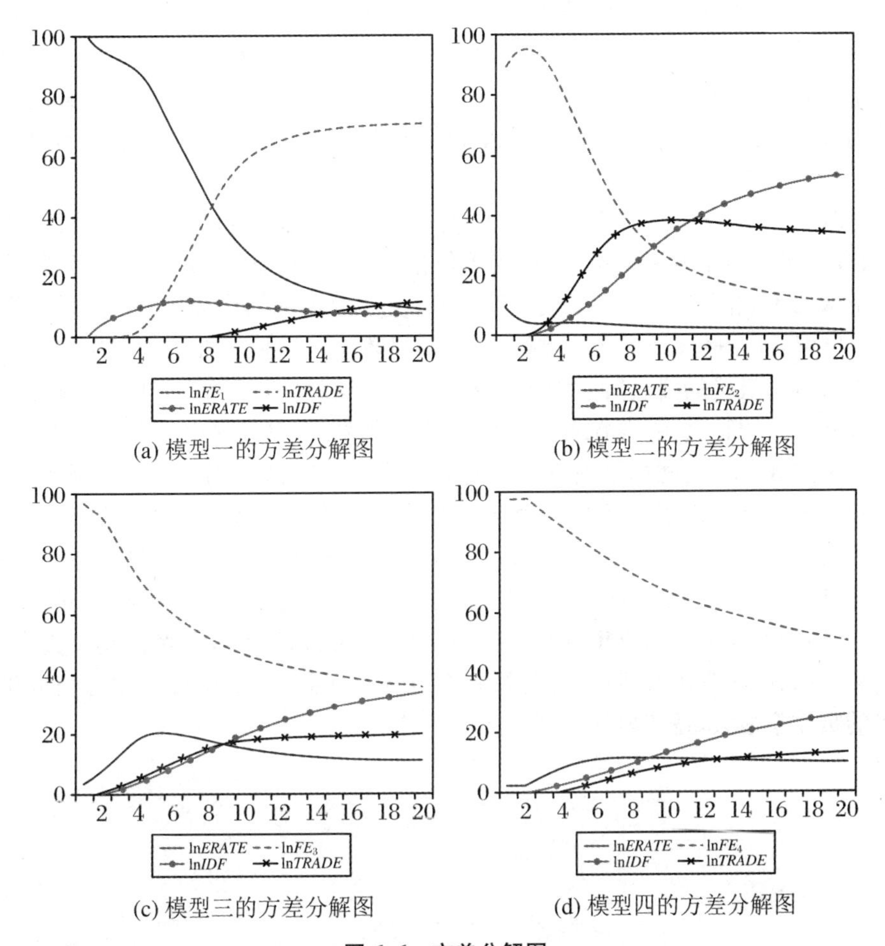

(a) 模型一的方差分解图

(b) 模型二的方差分解图

(c) 模型三的方差分解图

(d) 模型四的方差分解图

图 6.6　方差分解图

至约 60%；贸易自由化对社会文教支出的贡献率约为 50%，贸易自由化对国防支出的贡献约为 30%；贸易自由化对行政管理支出的贡献约为 20%。

由图 6.6 可知，贸易自由化对经济建设支出的贡献在第 10 期后逐步增加至 60%左右，模型二中贸易自由化对社会文教支出的贡献逐步增加至 50%，模型三中贸易自由化对国防支出的贡献为 30%，模型四中贸易自由化对行政管理支出的贡献为 20%。

本章小结

本章实证探讨了贸易自由化对财政支出调整的影响。在国际金融危机深度影响和新冠肺炎疫情冲击的背景下，世界各国和地区面临着更大的外部经济冲击所带来的不确定性，通过不断调整财政政策来灵活应对外部风险和冲击是非常有力的工具之一，这为探讨开放经济条件下贸易自由化对财政支出的影响提供了非常好的机遇。经济开放与政府规模正相关的观点最早由 Cameron(1978)提出，理论界关于贸易开放对财政支出的影响存在截然相反的“效率假设”和“补偿假设”，前者鼓励较小的公共部门，后者指出经济不安全导致公共支出的增加，已有的研究还没有一致的结论。

本章通过 1978—2020 年的时间序列数据，以贸易自由化、经济增长、财政分权、财政支出作为主要衡量指标，运用单位根检验、协整分析、误差修正模型，从规模和结构两个方面分析了贸易自由化对财政支出规模和结构的影响。从整体视角分析得出贸易自由化、经济增长、财政分权与财政支出均是一阶单整序列；Johansen 协整检验得出最优的滞后阶数为 2，贸易自由化、经济增长、财政分权、财政支出之间最多有 3 个协整关系，存在着长期稳定的均衡关系；财政支出与贸易自由化、经济增长和财政分权之间都呈现正相关的关系；贸易自由化程度的提升与财政支出正相关，符合“补偿假说”；贸易自由化对财政支出的贡献低于 20%。结构视角的分析表明经济建设支出、社会文教支出、国防支出、行政管理支出都是一阶单整的时间序列，最优的滞后阶数均是 2；贸易自由化对经济建设支出、行政管理支出的影响为正，但对社会文教支出、国防支出的影响为负；财政分权与经济建设支出、社会文教支出、国防支出负相关，但与行政管理支出正相关；贸易自由化对经济建设支出的贡献率最大，逐步增加达到了 60%左右。

第七章　贸易自由化促进财政政策调整的福利研究

第一节　基于DSGE模型贸易自由化促进财政政策调整的福利分析

一、引言

改革开放后，中国不断进行贸易改革，推进贸易自由化进程，对外贸易额从1978年的355.0亿元增长到2020年的322215.2亿元，贸易开放度从1978年的9.7%上升到2020年的31.7%。自2010年以来，中国已经成为世界上第一大出口贸易国和第二大进口贸易国，为促进中国经济持续高速发展，增加政府财政收入做出了重要贡献[①]。贸易自由化过程的一个突出表现是关税总水平的持续下降，由图7.1可知，1992年中国关税的算术平均值为42.5%，1995年下降到35.9%，2001年为15.3%，2020年已经下降为5.3%，加权平均关税率也从1992年的32.2%降至2020年的2.5%。关税降低可能确实会直观地导致潜在收入的损失，贸易自由化的实施往往引起把对外贸易税收收入作为重要政府财政收入来源的，包括中国在内的发展中经济体的收入损失。关税相对容易收集，而通过国内资源征税的成本是相对昂贵的。发展中国家的政府部门往往缺乏必要的能力来有效监控、管理和征税，税则的实施和税务稽查在不同地区和不同类型的企业中执行效果参差不齐。那么，随着贸易自由化的实施，国内税和关税的调整和不同组合如何影响宏观经济的主要变量和福利？

① 根据《中国统计年鉴》《国际统计年鉴》数据计算所得。

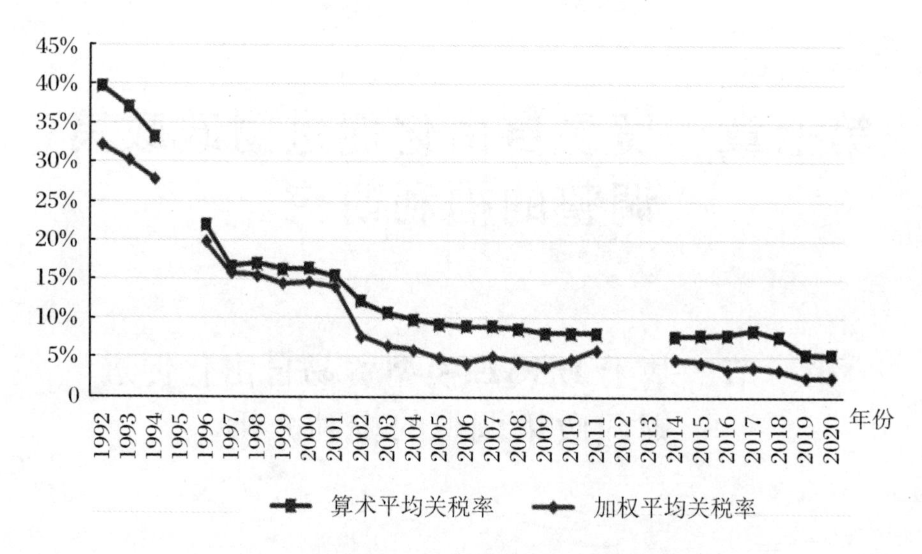

图 7.1　中国的算术平均关税率和加权平均关税率

注：数据来源于世界银行数据库①。

二、相关文献回顾

贸易自由化影响在理论方面有竞争假说，认为市场开放作用于政治市场，政府间为了吸引更多的资本投资会降低资本的税率，但是，为了弥补政府支出，同时需要增加劳动和消费的税收，导致税负由资本税向劳动税和消费税的转移（Wilson，1991；Bucovetsky，1991）。Rodrik（1997）、Vaubel（1999）、Bretschger 和 Hettich（2002）、Devereux 等（2008）通过经验研究证实税负由资本税向劳动税转移，而 Garrett（1995）、Quinn（1997）、Swank（2001）、Adsera 和 Boix（2002）、Hansson 和 Olofsdotter（2003）、Dreher（2006）、Neumann 等（2009）研究表明随着贸易自由化的推进和经济开放度的提升，资本税税负增加。Garret（1995）运用 1976—1990 年 OECD 国家数据得出国际贸易增加了资本税。朱晓波（2000）指出加入 WTO 要进行关税的调整，降低关税税率，变生产型增值税为消费型增值税，增强企业的国际竞争力。Bretschger 和 Hettich（2002）运用 1967—1996 年 14 个 OECD 国家的面板数据，实证分析得出开放经济会降低公司有效税率，提高劳动有效税率。Hatzipanayotou 等（1994）、Keen 和 Ligthart（2002）研究表明小国开放经济下，与消费税增加相关的点对点关税削减会增加福利和政府收入。Keen 和 Ligthart（2005）基于双寡头模型也证明了该结论，降低出口税和增加商品税（Emran，2005）、降低

① 中国算术和加权平均关税率的数据在 1992 年、1995 年、2012 年和 2013 年的数据是缺失的。

出口税和提高消费税（Emran 和 Stiglitz，2005）均能增加福利和收入。Dreher（2006）基于 OECD 国家 1970—2000 年的数据进行经验研究，得出集聚效用的作用使得政府可以在不使资本流失的情况下提高资本税率，贸易自由化将引起资本税负的上升，对劳动和消费的影响不明显。Acharya 等（2010）使用多部门 CGE 模型研究亚洲小国经济发展体尼泊尔贸易自由化和税收替代的宏观效应，得出贸易自由化和税收替代会影响不同的经济活动，如导致农业和工业的扩张以及服务业的收缩；对 GDP 略有影响，对其他宏观变量的影响也不大，富裕家庭的收入增长会快于贫困家庭；用国内间接税来替代进口关税还会降低 GDP 增长率，使收入分配对贫困家庭更不利，而用收入税或非农商品税替代会使 GDP 在一定程度增长并且不损害贫困家庭的利益；所有情况下，家庭的福利收益均为正，但很少。Fujiwara（2014）构建出口垄断模型，在贸易和国内税改革背景下比较目的地和原产地商品税，研究表明出口税减少和原产地税收的变化是严格的帕累托改进。Jaffri 等（2015）基于 ARDL 模型考察 1982—2013 年巴基斯坦贸易自由化和税收之间的关系，实证研究表明巴基斯坦的贸易自由化和总税收收入之间存在着正相关的关系，通过健全稳定的贸易政策和有力的市场环境来加大对原材料、资本和中间品的进口，能够促进巴基斯坦的贸易和税收收入增长。Karimi 等（2016）基于 103 个发展中国家 1993—2012 年的大型面板数据集，运用动态面板阈模型分析贸易自由化与对外贸易税收收入之间的关系，经验研究表明两者之间是非线性的关系，并且存在 Laffer 效应，研究还发现贸易自由化推进过度会对对外贸易税收收入产生不利影响，当继续将贸易自由化推至更高层次时，这种不利影响会消失，因此，主张各发展中国家继续推进贸易自由化，而不用担心其暂时给税收收入可能带来的不利影响。

以上学者从不同层面、采用不同的方法，论证了贸易自由化与税收政策密切相关，研究了贸易自由化引起国内税收的变化及其福利，但大多数采用静态分析方法，不能反映贸易自由化引起国内税收变化的动态过程。对于贸易自由化对财政政策的影响及其福利变化的研究学者们展开了不同的讨论，但是现有文献还没有运用现代的动态一般均衡这一定量分析工具来研究该问题。税收政策的福利影响问题已被广泛研究，但是仅有很少的文献分析关税对国内税收的影响。同时，现有文献多采用静态模型和简单的经验方法来分析贸易自由化和财政政策的宏观经济效应。为此，在参考以上文献的基础上，建立一个能够反映贸易自由化和税收政策的开放经济动态一般均衡模型，考察资本所得税和劳动所得税等对国家和世界福利的效应。本节将就这些问题进行探讨。

三、开放经济 DSGE 模型的建立

通过构建一个能够反映典型发展中国家主要特征的开放经济动态一般均衡模型，来评价贸易自由化对财政政策调整的福利影响。该模型提供了一个“实验室”

来评估关税对国内税收组合的福利影响。为了便于计算和模拟，本章模型中的变量都通过对数线性化进行处理，各变量以小写字母形式表示其与稳态均衡点的偏离程度的自然对数。

该模型允许不同经济主体，如家庭、厂商和政府的相互作用。家庭部门消费三种类型的商品，即出口商品(x)、进口商品(m)、非贸易品(n)，并且家庭需要提供劳动和资本给厂商，家庭部门的劳动和资本收入需要向政府缴税，家庭的消费行为也要缴税。厂商使用劳动和资本来生产两种类型的商品，即出口商品和非贸易商品。由于许多发展中国家使用进口资本商品，如机器等，来生产和出口制造业产品，而往往使用国内资本来生产非贸易商品，如服务等。假设进口的消费品、中间投入品和资本品都要征收关税，政府必须通过进口货物的关税和国内税收收入为财政支出提供资金，政府必须通过进口货物的国内税收和关税来为外生的支出提供资金支持。

（一）家庭部门

假设经济中存在无穷同质且无限存活的代表性家庭，以追求其一生效用的最大化为其最终目标，该代表性家庭从商品消费中获得正效用，在提供劳动时获得负效用。家庭拥有劳动和资本，假定国内经济中存在两个生产部门：出口生产部门(x)和非贸易品部门(n)。国内代表性家庭除了消费国内商品(c)外，还要消费进口品(m)。为了分析的方便，我们将三种商品的最优化问题转化为一种商品的问题。设复合商品(c_t)(包括商品 c、n、m)的价格为 p_t。代表性家庭的目标函数为

$$\max E_0 \sum_{t=0}^{\infty} \beta^t U_t \tag{7.1}$$

式中，E 为条件期望算子；β 为主观贴现因子，且 $0<\beta<1$。

假设代表性家庭 t 期效用函数可以表示为

$$U_t = \frac{[c_t^{\theta}(1 - h_{xt} - h_{nt})^{1-\theta}]^{1-\sigma}}{1 - \sigma} \tag{7.2}$$

式中，c_t 为代表性家庭的有效消费；h_{xt}、h_{nt} 分别表示国内厂商生产出口品和非贸易品的劳动量；θ 为相对于劳动代表性家庭对消费的偏好；σ 为消费跨期替代弹性的倒数且 $\sigma>0$。

三种类型的商品 c_m、c_n、c_x 组成的复合商品 c_t，满足以下条件：

$$c_t = (b_m c_{mt}^{1-\gamma} + b_n c_{nt}^{1-\gamma} + b_x c_{xt}^{1-\gamma})^{\frac{1}{1-\gamma}}, b_m + b_n + b_x = 1 \tag{7.3}$$

消费总支出可以表示为每一类商品消费支出的总和，即：

$$p_t c_t = (1 + t_{ct}) c_{mt} + p_m c_{nt} + p_{xt} c_{xt} \tag{7.4}$$

式中，t_c 为进口消费品的关税税率。

家庭的预算约束为

$$(1 - \tau_{lt})[p_{nt} w_{nt} h_{nt} + p_{xt} w_{xt} h_{xt}] + [(1 - \tau_{kt}^{n}) r_{nt} + \tau_{kt}^{n} \delta_n] p_{nt} k_{nt}$$

$$+ [(1-\tau_{kt}^{x})r_{xt} + \tau_{kt}^{x}\delta_{x}]k_{xt} + p_{nt}T_{t} + B_{t}$$
$$= (1+\tau_{ct})p_{t}c_{t} + p_{nt}i_{nt} + (1+t_{xt})i_{xt} + R_{t}B_{t+1} \tag{7.5}$$

式中，w_{xt}、r_{xt}、i_{xt}、k_{xt}分别为出口商品部门的工资率、租金率、投资和资本存量，w_{nt}、r_{nt}、i_{nt}、k_{nt}分别为非贸易商品部门的工资率、租金率、投资和资本存量。B_{t+1}为价格为 R_t 的 t 期购买 $t+1$ 期到期的贴现债券的数量。T_1 为政府的一次性净转移。τ 为税率，其中，τ_l 为劳动所得税率，T_k^n 为非贸易部门资本所得税税率，T_k^x 为出口商品 x 部门的资本收入税税率。t 为关税率，t_x 为进口资本品关税率，t_v 为进口中间品的关税率。通常，假定非蓬齐博弈条件（no-Ponzi game condition）不存在，即在均衡时不满足非蓬齐博弈条件。债券以进口商品为单位来进行定价，税收一次性转移以非贸易商品的形式进行定价。$\tau_{kt}\delta K_t$ 为折旧免税额。所有商品的价格均以进口商品的价格来标准化。p_x、p_n 分别为以进口商品和复合商品价格反映的出口商品和非贸易商品部门的价格。p_t 为 CPI 或实际汇率。

经过上述定义，可以求得消费者对这三种类型商品的需求量分别为

$$c_{mt} = b_m^{\frac{1}{\gamma}}\left(\frac{1+t_{ct}}{p_t}\right)^{-\frac{1}{\gamma}}c_t \tag{7.6}$$

$$c_{nt} = b_n^{\frac{1}{\gamma}}\left(\frac{p_{nt}}{p_t}\right)^{-\frac{1}{\gamma}}c_t \tag{7.7}$$

$$c_{xt} = b_x^{\frac{1}{\gamma}}\left(\frac{p_{xt}}{p_t}\right)^{-\frac{1}{\gamma}}c_t \tag{7.8}$$

资本积累方程为

$$k_{n,t+1} = (1-\delta_n)k_{nt} + k_{nt}\phi\left(\frac{i_{nt}}{k_{nt}}\right) \tag{7.9}$$

$$k_{x,t+1} = (1-\delta_x)k_{xt} + k_{xt}\phi\left(\frac{i_{xt}}{k_{xt}}\right) \tag{7.10}$$

式中，δ 为折旧率；ϕ 为调整成本函数，$\phi'>0$，$\phi''>0$，资本调整成本通过 $k_{nt}\phi\left(\frac{i_{nt}}{k_{nt}}\right)$、$k_{xt}\phi\left(\frac{i_{xt}}{k_{xt}}\right)$引入来分别决定投资 i_{nt}、i_{xt}所带来的资本存量的变化。

复合商品的价格为

$$p_t = \left[b_m^{\frac{1}{\gamma}}(1+t_{ct})^{\frac{\gamma-1}{\gamma}} + b_n^{\frac{1}{\gamma}}p_{nt}^{\frac{\gamma-1}{\gamma}} + b_x^{\frac{1}{\gamma}}p_{xt}^{\frac{\gamma-1}{\tau}}\right]^{\frac{\gamma}{\gamma-1}} \tag{7.11}$$

（二）厂商部门

假设完全竞争市场存在许多同质的厂商且具有相同的技术条件，通过技术、劳动力和资本的投入生产最终产品。这里假设存在生产出口品和非贸易品的厂商。引入规模报酬不变的柯布-道格拉斯生产函数，得到国内非贸易品和出口商品的生产函数为

$$y_{nt} = F(k_{nt}, h_{nt}) = A_{nt}k_{nt}^{\alpha}h_{nt}^{1-\alpha} \tag{7.12}$$

$$y_{xt} = G(k_{xt}, h_{xt}, v_t) = A_{xt} h_{xt}^{\mu} \left[\left[m(k_{xt})^{1-\psi} + (1-M)(v_t)^{1-\psi} \right]^{\frac{1}{1-\psi}} \right]^{1-\mu} \tag{7.13}$$

式中，y_{nt}、y_{xt}分别为生产非贸易品和出口品厂商的总产出水平，k_{nt}、k_{xt}分别为非贸易品和出口品部门的私人投资形成的私人资本存量，v_t 为用于生产出口商品的进口中间品的投入量，m、$1-m$ 分别为最终出口资本存量与中间投入品的份额，A_{nt}、A_{xt}分别为非贸易品和出口品部门的技术水平或全要素生产率，且服从

$$\ln A_{nt} = (1-\rho_{A_n})\ln \bar{A}_n + \rho_{A_n} \ln A_{n,t-1} + \varepsilon_t^{A_n} \tag{7.14}$$

$$\ln A_{xt} = (1-\rho_{A_x})\ln \bar{A}_x + \rho_{A_x} \ln A_{x,t-1} + \varepsilon_t^{A_x} \tag{7.15}$$

式中，$\varepsilon_t^{A_n}$、$\varepsilon_t^{A_x}$ 分别为非贸易品部门和出口品部门反映技术水平的随机干扰因素，且 $\varepsilon_t^{A_n} \sim N(0, \sigma_{A_n}^2)$，$\varepsilon_t^{A_x} \sim N(0, \sigma_{A_x}^2)$。

厂商的零利润[①]条件为

$$y_{nt} = r_{nt} k_{nt} + w_{nt} h_{nt} \tag{7.16}$$

$$p_{xt} y_{xt} = r_{xt} k_{xt} + p_{xt} w_{xt} h_{xt} + (1 + t_{vt}) v_t \tag{7.17}$$

式中，r_{nt}、r_{xt}分别为非贸易部门和出口部门的资本收益率；w_{nt}、w_{xt}分别为非贸易部门和出口部门的实际工资率；t_{vt}为进口中间商品所征收的关税税率。

（三）政府部门

政府税收包括国内税收和关税收入。政府预算约束方程为

$$\begin{aligned} &\tau_{ct} p_t c_t + \tau_{lt}(p_{nt} w_{nt} h_{nt} + p_{xt} w_{xt} h_{xt}) + \tau_{kt}^{n}(r_{nt} - \delta_n) p_{nt} k_{nt} \\ &\quad + \tau_{kt}^{x}(r_{xt} - \delta_x) k_{xt} + t_{ct} c_{mt} + t_{xt} i_{xt} + t_{vt} v_t \\ &= G_{mt} + p_{nt} G_{nt} + p_{nt} T_t \end{aligned} \tag{7.18}$$

式中，G_m 和 G_n 分别为进口商品和非贸易商品的外生性政府支出。

将政府的预算约束与消费者的预算约束结合起来，则总的预算约束方程为

$$y_{nt} = c_{nt} + i_{nt} + G_{nt} \tag{7.19}$$

$$p_{xt} y_{xt} + B_t = c_{mt} + p_{xt} c_{xt} + i_{xt} + v_t + G_{mt} + R_t B_{t+1} \tag{7.20}$$

（四）市场出清条件

经整理，模型经济的均衡由以下 24 个方程组成，这些方程描述了内生宏观变量 U_t、c_t、c_{mt}、c_{nt}、c_{xt}、h_{nt}、h_{xt}、k_{nt}、k_{xt}、i_{nt}、i_{xt}、p_t、p_{nt}、p_{xt}、y_{nt}、r_{nt}、r_{xt}、w_{nt}、w_{xt}、v_t、B_t、λ_t、NX_t 和外生变量 y_{xt}、t_{ct}、t_{xt}、t_{vt}、τ_{ct}、τ_{lt}、τ_{kt}^{n}、τ_{kt}^{x}、G_{mt}、G_{nt}、T_{nt}、A_{nt}、A_{xt}的动态系统，整个模型由以下方程刻画：

$$U_t = \frac{1}{1-\sigma}\left(c_t^{\theta}(1 - h_{xt} - h_{nt})^{1-\theta}\right)^{1-\sigma} + \beta E_t U_{t+1} \tag{7.21}$$

---

① 这里我们利用了厂商利润为零的事实，在一般情况下，我们还需包括厂商分配给股权持有者的利润。

$$k_{nt+1} = (1-\delta_n)k_{nt} + k_{nt}\left(\frac{i_{nt}}{k_{nt}}\right)^{\eta_n} \tag{7.22}$$

$$k_{xt+1} = (1-\delta_x)k_{xt} + k_{xt}\left(\frac{i_{xt}}{k_{xt}}\right)^{\eta_x} \tag{7.23}$$

$$\frac{c_{mt}}{c_t} = b_m^{\frac{1}{\gamma}}\left(\frac{1+t_{ct}}{p_t}\right)^{-\frac{1}{\gamma}} \tag{7.24}$$

$$\frac{c_{nt}}{c_t} = b_n^{\frac{1}{\gamma}}\left(\frac{p_{nt}}{p_t}\right)^{-\frac{1}{\gamma}} \tag{7.25}$$

$$\frac{c_{xt}}{c_t} = b_x^{\frac{1}{\gamma}}\left(\frac{p_{xt}}{p_t}\right)^{-\frac{1}{\gamma}} \tag{7.26}$$

$$p_t = \left[b_m^{\frac{1}{\gamma}}(1+t_{ct})^{\frac{\gamma-1}{\gamma}} + b_n^{\frac{1}{\gamma}}p_{nt}^{\frac{\gamma-1}{\gamma}} + b_x^{\frac{1}{\gamma}}p_{xt}^{\frac{\gamma-1}{\gamma}}\right]^{\frac{\gamma}{\gamma-1}} \tag{7.27}$$

$$(1+\tau_{ct})\lambda_t p_t c_t = \theta\left(c_t^{\theta}(1-h_{xt}-h_{nt})^{1-\theta}\right)^{1-\sigma} \tag{7.28}$$

$$\frac{(1-\tau_{lt})p_{nt}w_{nt}}{(1+\tau_{ct})p_t} = \frac{1-\theta}{\theta}\frac{c_t}{1-h_{xt}-h_{nt}} \tag{7.29}$$

$$p_{nt}w_{nt} = p_{xt}w_{xt} \tag{7.30}$$

$$\begin{aligned}\left(\frac{i_{nt}}{k_{nt}}\right)^{1-\eta_n} = {} & \beta E_t\frac{\lambda_{t+1}p_{nt+1}}{\lambda_t p_{nt}}\left\{\eta_n\left[(1-\tau_{kt+1}^n)r_{nt+1} + \tau_{kt+1}^n\delta_n\right]\right. \\ & \left. + \left(\frac{i_{nt+1}}{k_{nt+1}}\right)^{1-\eta_n}\left[(1-\delta_n) + (1-\eta_n)\left(\frac{i_{nt+1}}{k_{nt+1}}\right)^{\eta_n}\right]\right\}\end{aligned} \tag{7.31}$$

$$\begin{aligned}\left(\frac{i_{xt}}{k_{xt}}\right)^{1-\eta_x} = {} & \beta E_t\frac{\lambda_{t+1}}{(1+t_{xt})\lambda_t}\left\{\eta_x\left[(1-\tau_{kt+1}^x)r_{xt+1} + \tau_{kt+1}^x\delta_x\right]\right. \\ & \left. + (1+t_{xt+1})\left(\frac{i_{xt+1}}{k_{xt+1}}\right)^{1-\eta_x}\left[(1-\delta_x) + (1-\eta_x)\left(\frac{i_{xt+1}}{k_{xt+1}}\right)^{\eta_x}\right]\right\}\end{aligned} \tag{7.32}$$

$$R_t + \varphi(B_{t+1} - B) = \beta E_t\frac{\lambda_{t+1}}{\lambda_t} \tag{7.33}$$

$$y_{nt} = A_{nt}k_{nt}^{\alpha}h_{nt}^{1-\alpha} \tag{7.34}$$

$$y_{xt} = A_{xt}h_{xt}^{\mu}\left\{\left[mk_{xt}^{1-\psi} + (1-m)v_t^{1-\psi}\right]^{\frac{1}{1-\psi}}\right\}^{1-\mu} \tag{7.35}$$

$$\alpha y_{nt} = r_{nt}k_{nt} \tag{7.36}$$

$$(1-\alpha)y_{nt} = w_{nt}h_{nt} \tag{7.37}$$

$$\mu y_{xt} = w_{xt}h_{xt} \tag{7.38}$$

$$(1-\mu)mp_{xt}y_{xt}k_{xt}^{-\psi} = r_{xt}\left[mk_{xt}^{1-\psi} + (1-m)v_t^{1-\psi}\right] \tag{7.39}$$

$$(1-\mu)(1-m)p_{xt}y_{xt}v_t^{-\psi} = (1+t_{vt})\left[mk_{xt}^{1-\psi} + (1-m)v_t^{1-\psi}\right] \tag{7.40}$$

$$\begin{aligned}& \tau_{ct}p_t c_t + \tau_{lt}(p_{nt}w_{nt}h_{nt} + p_{xt}w_{xt}h_{xt}) + \tau_{kt}^n(r_{nt} - \delta_n)p_{nt}k_{nt} + \tau_{kt}^x(r_{xt} - \delta_x)k_{xt} \\ & + t_{ct}c_{mt} + t_{xt}i_{xt} + t_{vt}v_t = G_{mt} + p_{nt}G_{nt} + p_{nt}T_{nt}\end{aligned} \tag{7.41}$$

$$y_{nt} = c_{nt} + i_{nt} + G_{nt} \tag{7.42}$$

$$NX_t + B_t = R_t B_{t+1} \tag{7.43}$$

$$NX_t = p_{xt} y_{xt} - p_{xt} c_{xt} - c_{mt} - i_{xt} - v_t - G_{mt} \tag{7.44}$$

四、参数校准

根据模型的设定，参数校准包括两个步骤。第一步为通过校准基准模型来抓住中国经济的实际情况，模型中包括了家庭、厂商和政府部门；第二步为后面的扩展灵敏度分析，考察主要结论如何随着基准模型参数的变化而变化。参照中国经济在文献中常用的参数和稳态值，在基准模型中，可使用表 7.1 所示的参数值。首先，对于家庭部门的参数，根据中国 1995—2020 年的居民消费价格指数，每年度物价平均上升 5.1%左右的实际情况，取主观贴现因子 β 为 0.95；消费在 Cobb-Douglas 效用函数中所占份额 θ 设定为 0.34；对于消费的风险厌恶系数 σ，本节参照王文甫(2010)、张卫平(2012)等的研究设定为 3；设复合消费品中份额分别为 $bm=0.35$，$bn=0.5$，$bx=0.15$，并将 γ 设为 0.782。其次，厂商部门的相关参数，出口商品生产函数中劳动的份额设定为 0.37，其他投入要素设定为 0.12～0.45。对进口中间商品的资本份额 m 设定为 0.55。资本与进口中间品之间的替代弹性设置为 1.35。非贸易商品部门的资本份额 α 设定为 0.23。年折旧率普遍设定为 10%。为了与投资波动中的数据保持一致，将贸易部门和非贸易部门的边际成本调整成本函数弹性 η 设定为 3。

表 7.1　参数和稳态值

参数偏好	含义	值
β	主观贴现因子	0.95
σ	风险厌恶系数	3
θ	效用函数中的消费所占份额	0.34
γ	消费弹性	0.782
bm	消费中进口商品的权重	0.35
bx	消费中出口商品的权重	0.15
bn	消费中非贸易商品的权重	0.5
技术		
出口商品部门		
μ	劳动收入份额	0.37
ψ	替代弹性系数	1.35
m	资本投入的权重	0.55

续表

参数偏好	含义	值
δx	年折旧率	10%
ηx	边际调整成本函数的弹性	3
非贸易商品部门		
α	资本收入的份额	0.23
δn	年折旧率	10%
ηn	边际调整成本函数的弹性	3
其他稳态值		
gm	进口商品在政府支出中的比重	0.2
gn	非贸易商品在政府支出中的比重	0.2
nx	净出口	0
px	出口贸易品的价格	1
税收和关税率		
τc	消费税	12.84%
τl	劳动所得税	5.85%
τkx	出口部门的资本所得税	24.63%
τkn	非贸易商品部门的资本所得税	24.63%
tc	进口消费品的关税	10.00%
tv	进口中间品的关税	10.00%

对于国内税的具体税率问题，到目前为止，中国官方的统计数据中还未涉及，这里作者采用其他学者的估算值。国内学者马栓友(2002)、李芝倩(2006)、崔治文(2011)、梁红梅等(2014)使用相似法测算中国国内税税率，得出中国的消费税率总体变动不大，并在2009年因消费型增值税的全面实施而显著加速，劳动收入税税率总体呈现上升趋势，在1985—1988年约为1%，1992—1998年在3.5%～4.5%范围变动，随后逐年上升，总体上从1985年的0.99%逐渐上升至2015年的9.45%，中国的资本收入税率在1986年达到最大值35.6%，总体上在25%左右小幅波动，在2001年以后逐渐趋于稳定。本章参照梁红梅和张卫峰(2014)等的测算，将消费税、劳动所得税和资本所得税的平均有效税率分别设置为 $\tau_c = 12.84\%$，$\tau_l = 5.85\%$，$\tau_k = 24.63\%$。

表7.1表明1992—2020年中国关税的算术平均水平，从1992年的42.5%下降到2020年7.5%。为了模拟研究，根据近年来中国的关税平均水平，我们假设稳态关税率为10%，不同进口商品，即消费品、资本品和中间品的关税率相同。对于

政府支出的比例，根据王文甫(2010)的结果，用《中国统计年鉴》中的财政支出额进行价格指数调整，通过 H-P 滤波去趋势来得到，经过校准，非贸易品和进口品的政府支出的比例为 20%，使财政预算达到稳定的状态。初始资产持有头寸(为自由参数)设为零。在小型开放经济下，设出口价格由外部需求决定，即 p_x 设定为 1。

五、不同政策冲击的动态模拟分析

在所构建的 DSGE 模型和参数估计的基础上，本节将深入研究税收冲击对主要宏观经济变量的影响效应，经过参数校准，编写 Dynare 程序并在 Matlab 语言环境下运行，结合各参数的校准值和稳态值进行模拟，分析给定 1%单位正向的进口消费品的关税、进口资本品的关税和进口中间品的关税冲击对主要宏观经济变量的动态冲击的反应和影响。参数估计与仿真程序具体见附录。一般来说，一旦面对外生冲击，经济系统的稳态将会被打破，各个宏观经济变量如消费、投资、就业等就出现偏离稳态的情况，再重新经过一段时间之后，又回归到稳态。这里采用消费等价法，t 期的社会福利函数用代表性家庭部门的效用表示，即：

$$U_t = \frac{1}{1-\sigma}\left[c_t^{\theta}\,(1-h_{xt}-h_{nt})^{1-\theta}\right]^{1-\sigma} + \beta E_t U_{t+1} \tag{7.45}$$

在图 7.2～图 7.4 中，横轴表示时间，纵轴表示社会福利、总产出、实际汇率等宏观经济变量对稳态的对数偏离。

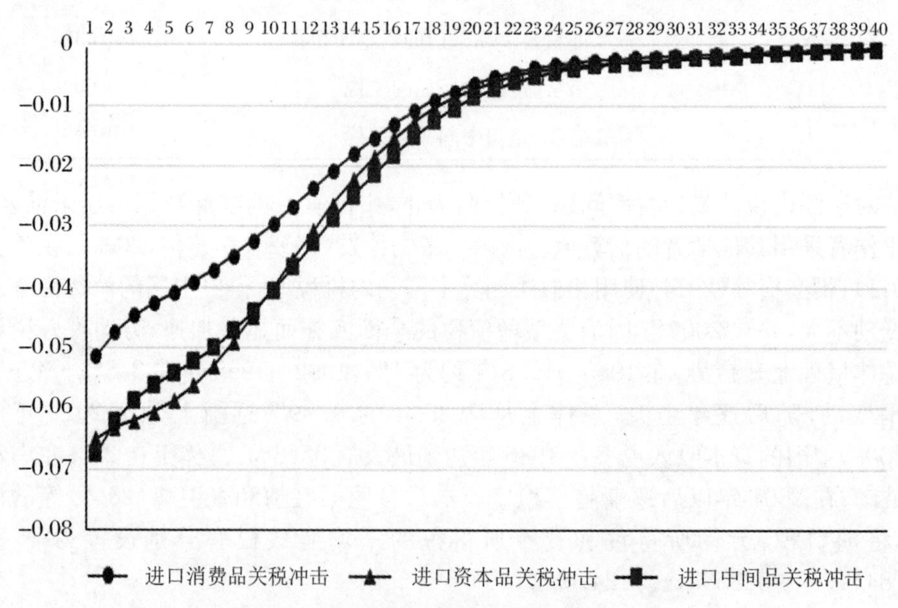

图 7.2　社会福利对不同关税冲击的响应

财政收入增加的情况下，政府投资性支出和消费性支出水平提高，影响到社会总需求和公共资本积累以及社会的扩大再生产。从图 7.2 可以观察到，面对不同类型关税政策冲击时社会福利的动态反映。面对 1 单位标准差的进口消费品关税、进口资本品关税以及进口中间品关税正向冲击，整体上表现为负向影响且对进口消费品关税的冲击效果略小，社会福利水平立即下降偏离其稳态值，此后开始缓慢上升，大约在 31 期回到初始状态，并一直保持这一状态不变。征收进口消费品关税导致消费品价格上升，进而直接抑制家庭消费水平的提升，抑制家庭的进口需求，引起一定程度的收缩，居民消费量下降，对消费产生挤出效应，代表性家庭对进口品的消费下降，进口品市场供大于求，产生通货紧缩，产出和劳动力供给受到抑制。家庭私人投资水平减少，居民投资收入水平的下降会产生负向的财富效应，社会福利水平下降，消费者的消费需求减少，国内市场需求是决定资本品进口的主要因素之一，对进口资本品征收关税相当于提高进口资本品价格，这会抑制资本品进口数量的增长和进口资本品的消费。进口中间品关税影响厂商的资源配置行为，进而也会间接影响到社会福利水平的变化。

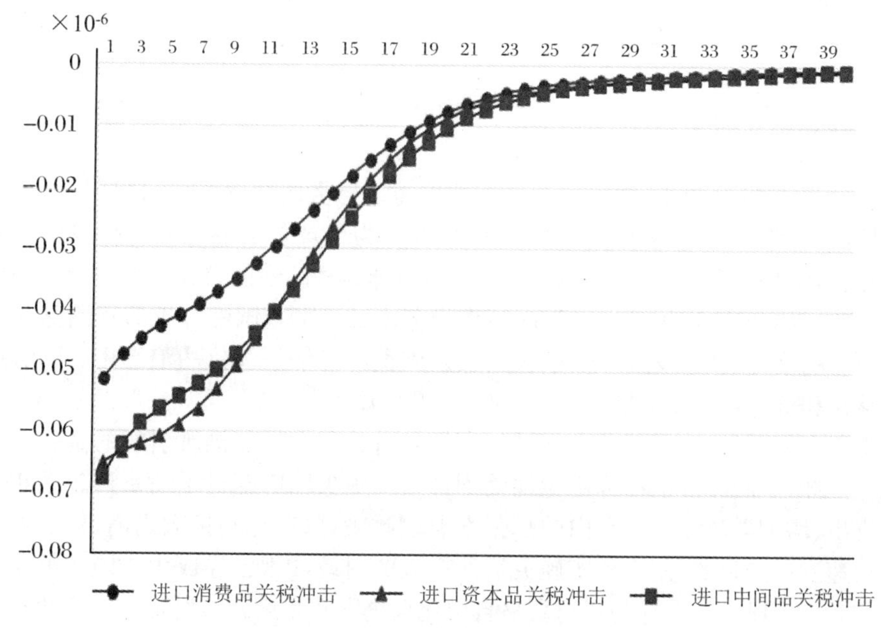

图 7.3 总产出对不同关税冲击的响应

从图 7.3 我们可以观察到，面对不同类型关税时总产出的动态反应。面对 1 单位标准差的进口消费品关税、进口资本品关税以及进口中间品关税正向冲击，总产出的响应路径相似，均表现为在受到冲击后不断下降至最大负向值，随后冲击值逐渐回落并于第 19 期后基本回归零值。对产出的刺激效果而言，部分由于进口消费品关税因素的影响，进口消费品征税抑制居民消费水平的提升，不利于就业和资本利用率的增加，进而对总产出水平形成负向冲击，并不断降至最低值，直到最后恢复到稳定状态,对劳动力的影响效应为负,劳动力供给下降。投资支出向下偏离其稳态值,然后慢慢回调到初始位置,1 单位标准差的正向资本税冲击对总产出产生负向影响,向下偏离并缓慢回归零的稳态值,资本收益率下降,资本对劳动力要素替代减少。家庭消费需求下降,用于生产出口商品的进口中间品投入量下降。进口中间品关税税率的提高使中间品进口的价格上升,人民币实际有效汇率贬值,推动中间品进口价格上涨。对中间品进口征税,中间投入品价格上涨,购买该产品作为投入品部门减少最终产品的增加值,抵消一部分对最终产品征收关税的保护作用,不利于厂商资源的有效配置。

第二节 基于 SVAR 模型贸易自由化促进财政政策调整的福利经验分析

一、模型的构建

(一) SVAR 模型简介

改革开放 40 多年来,中国的对外开放取得了巨大的成就,进出口贸易总额快速增长,已经跃居为世界第一货物贸易大国,成为全球最大的外商直接投资流入国,中国国民经济不仅持续快速增长,而且对全球经济的辐射力和影响力越来越明显,这些成就的取得与积极的财政政策作用分不开。随着国际分工的不断深化和跨国公司的快速发展,发展中国家快速融入到世界经济一体化的浪潮中。随着经济全球化和贸易自由化的推进,中国的经济开放度不断提高,面对外部经济的压力和冲击也愈发增大,特别是在 2008 年下半年,由美国次贷危机所引发的金融海啸蔓延至全球,中国经济也不可避免地受到冲击。中央政府施行了一系列包括扩大财政支出、增加财政赤字等在内的扩张性财政政策,以期达到扩大内需、促进经济平稳快速发展的目的,制定和实施灵活而有效的财政政策已经成为各国化解金融危机的有力手段之一。这为探讨贸易自由化促进财政政策调整所带来的变化提供了有利的机遇和平台,Vamvoukas(1999)、Piersanti(2000)、Leachman 和 Francis(2000)、管瑞龙等(2012)、邓力平和林峰(2013,2014)等做了相关的研究。

在宏观经济分析中,结构向量自回归(Structural Vector Auto Regressive, SVAR)模型已经成为经验研究与实证分析的重要工具之一,应用于对宏观经济波动、财政政策、货币政策和其他相关经济问题的研究,学者 Sims(1980,1986)和 Bernanke(1986)等最早运用 SVAR 模型进行了研究,Blanchard 和 Quah(1989)等引入长期约束和短期约束来识别经济冲击的永久影响和暂时冲击。与 VAR 模型相比，SVAR 模型具有以下特点：第一，VAR 模型涉及更多的参数来进行分析与估计，适合用于分析较少变量模型的情况。SVAR 模型通过将约束条件添加到参数空间中来实现减少所要估计参数的目的。第二，VAR 模型无法分析变量之间的同相关，这通常包含在随机扰动项里，而 SVAR 模型可以通过增加同步变量来获得所估计变量之间的同步效应。第三，SVAR 模型可以通过脉冲响应反映长期影响过程，这通常用于分析变量对其他变量的动态影响。

首先，设定 SVAR 模型的滞后算子：

$$A(L)\boldsymbol{X}_t = \boldsymbol{E} \times u_t, \quad \boldsymbol{E} \times (u_t u'_t) = \boldsymbol{I}_n \tag{7.46}$$

式中，$A(L)$为滞后算子 L 的多项式；$\boldsymbol{X}_t$ 为 n 个内生变量的向量，$\boldsymbol{E}$ 为 $n \times n$ 阶矩阵，$\boldsymbol{E}$ 为单位矩，u_t 为结构扰动或影响。

如果多项式 $A(L)$可逆，那么 $\boldsymbol{X}_t$ 能够表示为无穷阶 VMA(∞)的形式，即：

$$\boldsymbol{X}_t = C(L) \times u_t \tag{7.47}$$

式中，$C(L) = A(L)^{-1} \times \boldsymbol{E}$，同时，对于稳定的矢量过程，能够被写成滞后算子的形式：

$$B(L)\boldsymbol{X}_t = \varepsilon_t \tag{7.48}$$

式中，$D(L) = B(L)^{-1}$，$B_0 = \boldsymbol{I}_n$，$D_0 = \boldsymbol{I}_n$。由于误差项 ε_t 是无法观测的，所以也被称为简化形式的扰动项，$\boldsymbol{E}(\varepsilon_t \varepsilon'_t) = \sum \varepsilon$ 对称正定矩阵，结合 $\boldsymbol{X}_t = C(L)u_t$ 与 $\boldsymbol{X}_t = D(L)\varepsilon_t$ 可知：

$$C_0 u_t = \varepsilon_t, \quad C_t = D_t C_0, \quad t = 1,2,3,\cdots \tag{7.49}$$

对 $C_0 u_t = \varepsilon_t$ 平方来取期望值，可以得到：

$$C_0 C'_0 = \sum \varepsilon \tag{7.50}$$

式中，$\sum \varepsilon$ 是ε_t 的协方差矩阵，因此，式(7.50)只要确定 C_0，就能够识别 SVAR 模型。识别 C_0 即为约束，当分析的向量为 n 维时，就需要$\dfrac{n(n-1)}{2}$个约束用于识别 C_0 中的参数。应约束和识别 C_0，设 C_0 为一个下三角矩阵，通过对式(7.50)进行 Cholesky 分解识别出参数，在对经验问题进行研究时，一般从其经济意义上给予$\dfrac{n(n-1)}{2}$个约束条件。

对于如何应用约束并识别长期响应矩阵，可以通过把式 $C_0 u_t = \varepsilon_t$ 和 $C_t = D_t C_0$ 结合起来，得到：

$$C(1) = D(1)C_0 \tag{7.51}$$

式中，$C(1)$和 $D(1)$分别为 SVAR 模型中和 VAR 模型中的长期响应矩阵，

$$C(1) = \sum_{i=0}^{\infty} C_t, \quad D(1) = \sum_{t=0}^{\infty} D_t \tag{7.52}$$

则可以得到：

$$C(1)C(1)' = D(1)C_0C_0'D(1)' = D(1)\sum \varepsilon D(1)' \tag{7.53}$$

若假定 $C(1)$ 为一个下三角矩阵,则通过对式(7.46)~式(7.53)进行 Cholesky 分解可以识别 $C(1)$ 中的参数,从而在经济意义上给出 $\frac{n(n-1)}{2}$ 约束,然后式 $C(1)=D(1)C_0$ 找到参数。有时经济意义上所给出的约束为短期分析和长期分析的结合(Gali,1992)。

因此,通过建立 SVAR 模型进行经济分析的过程为:首先估计简约型 VAR 模型,即把 $B(L)\boldsymbol{X}_t=\varepsilon_t$ 通过一定的转换得出 $\boldsymbol{X}_t=D(L)\times\varepsilon_t$,即把 $B(L)\boldsymbol{X}_t=\varepsilon_t$ 通过一定的转换得到,这里,D_t,$t=1,2,3,\cdots$,已知,然后加上对应的约束便可以来识别,接着可以计算得出 $C_t=D_tC_0$,$t=1,2,3,\cdots$,$u_t=C_0^{-1}\varepsilon_t$。因此,向量 $\boldsymbol{X}_t$ 中的每个变量是随机结构冲击的线性组合,使得可以执行脉冲响应分析。

(二) SVAR 模型的识别

本节构建包括对外贸易、税收、政府支出和 GDP 在内的 SVAR 模型,Pigou(1920)在其《福利经济学》中提出经济福利等于国民收入,Nordhaus 和 Tobin(1972)、杨缅昆(2009)均提出国民经济核算福利,作者在这里用 GDP 反映福利,来验证贸易自由化促进财政政策调整的福利动态效应。对于 SVAR 模型的识别条件问题,参照 Blanchard 和 Perotti(2002)的做法,采用制度信息法。这与国外 Erceg 等(2005)、Kim 和 Roubini(2008)的实证分析相一致。作者把 Blanchard 和 Perotti(2002)中将 SVAR 框架所包括的内生变量,财政支出、税收、GDP 扩展到包括贸易变量、非生产性财政支出变量、生产性财政支出变量、税收和总产出这 5 个变量。Devarajan 等(1996)指出生产性财政支出是在总的公共支出比例上能够增加经济增长的稳定状态支出的那一部分支出,但他的研究是通过这种“事后”的实证分析来加以区分哪一部分属于生产支出,哪一部分属于非生产性支出。但是,很难对生产性财政支出和非生产性财政支出事先加以区分,另外,中国的统计工作还不够完善,统计分部和子目还不够详细,在不同年度的财政支出中,统计口径也有很多变化,这使得完全区分生产性和非生产性有一定的困难。此处借鉴赵志耘和吕冰洋(2005)以及严成樑和龚六堂(2009)的划分方法,把支出项目中的基本建设支出、增拨企业流动资金、挖潜改造资金和科技三项费用,地质勘探费、支援农村生产支出和各项农业事业费之和作为生产性财政支出。工交商业部门事业费、文教卫事业费、抚恤和社会福利救济费、国防支出、行政管理费、政策性补贴支出之和作为非生产性财政支出。有关贸易、财政支出、财政收入和 GDP 的数据使用 1978—2006 年的贸易、财政收支和产出的数据资料,它们来源于《中国统计年鉴》《中国财政年鉴》《中国税务年鉴》、国研网统计数据库和国家统计局网站等,如表 7.2 所示。

表 7.2　中国对外贸易、财政收支和 GDP 的数据(亿元)

年份	对外贸易额	财政收入	生产性财政支出	非生产性财政支出	GDP
1978	355	519.28	678.86	377.43	3678.7
1979	454.6	537.82	679.16	534.16	4100.5
1980	570	571.7	568.21	577.76	4587.6
1981	735.3	629.89	441.22	615.02	4933.7
1982	771.3	700.02	464.7	672.39	5380.5
1983	860.1	775.59	546.84	752.16	6043.8
1984	1201	947.35	698	843.32	7314.2
1985	2066.7	2040.79	802.9	966.91	9123.6
1986	2580.4	2090.73	890.77	1078.33	10375.4
1987	3084.2	2140.36	823.08	1156.83	12166.6
1988	3822	2390.47	846.61	1322.53	15174.4
1989	4155.9	2727.4	870.37	1534.82	17188.4
1990	5560.1	2821.86	970.15	1693.47	18923.3
1991	7225.8	2990.17	1035.4	1875.41	22050.3
1992	9119.6	3296.91	1103.26	2048.07	27208.2
1993	11271	4255.3	1404.27	2370.13	35599.2
1994	20381.9	5126.88	1536.01	3068.7	48548.2
1995	23499.9	6038.04	1815.01	3559.57	60356.6
1996	24133.8	6909.82	2052.02	4167.46	70779.6
1997	26967.2	8234.04	2349.04	4683.83	78802.9
1998	26849.7	9262.8	2780.43	5420.79	83817.6
1999	29896.2	10682.58	3700.18	6015.73	89366.5
2000	39273.2	12581.51	3886.2	7137.38	99066.1
2001	42183.6	15301.38	4541.88	8208.69	109276.2
2002	51378.2	17636.45	5335.92	9916.7	120480.4
2003	70483.5	20017.31	5776.04	11252.39	136576.3
2004	95539.1	24165.68	6503.12	13131.04	161415.4
2005	116921.8	28778.54	7479.2	15573.58	185998.9
2006	140974	34804.35	8454.49	18920.86	219028.5

注:数据来源于《中国统计年鉴—2007》、EPS 数据库相关数据等。

将所有变量均以居民消费价格指数进行平减，并取自然对数，对外贸易、非生产性政府支出、生产性财政支出、税收和总产出分别用 *LOPEN*、*LUFE*、*LPFE*、*LFR*、*LGDP* 表示。本节分析的基本思路为将简单形式表示成结构形式，如需分析的向量为 Y_{jt} 维，则需$\frac{n(n-1)}{2}$个约束，因此，这里所建立的 SVAR 模型里 $k=5$，需要设定 10 个以上的约束条件。因此，在我们选用 AB 型的基础上，可以得到以下 10 个约束条件，模型恰好可以识别。

$$\boldsymbol{A}=\begin{bmatrix}1&0&0&0&0\\a_{21}&1&0&0&0\\a_{31}&a_{32}&1&0&0\\a_{41}&a_{42}&a_{43}&1&0\\a_{51}&a_{52}&a_{53}&a_{54}&1\end{bmatrix},\quad \boldsymbol{B}=\begin{bmatrix}b_{11}&0&0&0&0\\0&b_{22}&0&0&0\\0&0&b_{33}&0&0\\0&0&0&b_{44}&0\\0&0&0&0&b_{55}\end{bmatrix}$$

二、实证分析

（一）协整检验

用时间序列作回归分析，一般要求序列平稳，或者存在同阶协整关系，否则将出现虚假回归。我们首先对 1979—2006 年的对外贸易额、非生产性财政支出、生产性财政支出、财政收入和 GDP 取自然对数，来消减其异方差性。用时间序列作回归分析，一般要求序列是平稳的，或者存在同阶协整关系，否则将出现虚假回归，我们使用 ADF-fisher 法对对外贸易、非生产性财政支出、生产性财政支出、税收和总产出进行平稳性检验，发现各序列的原序列不平稳，对调整后的 *LOPEN*、*LUFE*、*LPFE*、*LFR* 和 *LGDP* 进行稳健性检验，研究表明经调整的时间序列具有不平稳性，如表 7.3 所示。通过 Eviews 7.2 软件对 VAR 各变量先进行检验，按照 AIC 准则、SC 准则，选择滞后阶数为 1，运行结果表明，其一阶差分序列是稳定的，VAR(1)的特征多项式的倒数位于单位圆以内，因此，VAR(1)是平稳的。

表 7.3　ADF-fisher 法对各序列单位根检验结果

变量	原序列		一阶差分序列		结论
	统计量	概率值	统计量	概率值	
LOPEN	−2.025333	0.5628	−4.600947	0.0055	一阶平稳序列
LUFE	1.745	0.9995	−3.18903	0.0318	一阶平稳序列
LPFE	0.449454	0.9816	−3.679164	0.0342	一阶平稳序列
LFR	−0.933061	0.9376	−3.748708	0.0111	一阶平稳序列
LGDP	0.916717	0.9941	−5.695566	0.0001	一阶平稳序列

对变量进行协整检验，结果如表 7.4 所示，在 5%显著水平下，迹统计量拒绝 0 个协整向量、第 1 个协整向量和第 2 个协整向量，因此，*LOPEN*、*LUFE*、*LPFE*、*LFR* 和 *LGDP* 之间至少有 3 个协整方程，也即存在一个协整即稳定的平衡关系。

表 7.4　序列协整检验的结果

原假设	特征值	迹检验统计值	5%临界值	*P* 值
0 个协整向量	0.864757	128.5477	69.81889	0
最多 1 个协整向量	0.796772	76.53002	47.85613	0
最多 2 个协整向量	0.624242	35.10089	29.79707	0.0111
最多 3 个协整向量	0.307472	9.651865	15.49471	0.3085
最多 4 个协整向量	0.003811	0.099285	3.841466	0.7527

然后，我们从对应的 5 组数据中得到相应的矩阵，根据本节所选择的识别方法，得出结构方程，根据在此所建立的约束条件，发现不存在结构关联性被转移，AB 类型的矩阵具体如下：

$$
\boldsymbol{A}=\begin{bmatrix} 1 & 0 & 0 & 0 & 0 \\ 0.0131 & 1 & 0 & 0 & 0 \\ -0.0106 & -0.0427 & 1 & 0 & 0 \\ -0.0024 & -0.2979 & 0.911 & 1 & 0 \\ -0.013 & 0.5611 & 1.8448 & -3.0877 & 1 \end{bmatrix},
$$

$$
\boldsymbol{B}=\begin{bmatrix} 1.3416 & 0 & 0 & 0 & 0 \\ 0 & 0.0658 & 0 & 0 & 0 \\ 0 & 0 & 0.0283 & 0 & 0 \\ 0 & 0 & 0 & 0.2275 & 0 \\ 0 & 0 & 0 & 0 & 0.0653 \end{bmatrix}
$$

（二）脉冲响应分析

接着，我们可以得到本节分析所需要的脉冲响应函数，总产出、对外贸易对财政支出和财政收入税率冲击反应的结果，也可以得到总产量、贸易的方差分解情况。

如图 7.4 所示，我们分别用图 7.4(a)、图 7.4(b)、图 7.4(c)和图 7.4(d)反映非生产性财政支出、生产性财政支出、财政收入和总产出对贸易的脉冲响应，图中横轴表示年度数，实线为脉冲响应函数值，虚线为正负两倍标准差偏离带。由图 7.4(a)可知，面对对外贸易额 1%的正向冲击，非生产性财政支出迅速上升，随后出现较大幅度的下降，大约在第 2 期便降为极小值 - 0.015，冲击反应时期较短，此后，从第 2 期到第 4 期经历一个上升的过程，并从负效应转变成正效应，且在第 4

期达到最大值 0.013，最后它的反应强度减弱，并围绕稳态上下小幅波动，在第 6 期以后几乎接近稳态水平。这说明由于非生产性财政支出对生产者的生产率影响不大，生产者投资增加很小，产品供给增加幅度也很小，那么非生产性财政支出对贸易开放的响应程度较低，对外贸易增加使非生产性财政支出下降。由图 7.4(b)可知，面对贸易 1%的正向冲击，生产性财政支出开始迅速上升，大约在第 1 期达到最大值，然后开始迅速下降，在第 3 期和第 4 期达到负效应的最小值，接着围绕稳态水平小幅上下波动，在第 7 期之后逐步消退为零，回到初始状态。随着贸易开放的增加，外部市场对产品的需求增加，当期的投资扩大，并在随后的几期内企业的生产能力扩大，提高了生产者的生产效率，使得生产者扩大了投资，政府生产性财政支出对消费者和生产者的外部性增强，生产性财政支出增加。由图7.4(c)可知，面对贸易开放 1%的正向冲击，财政收入开始迅速下降，在第 1 期达到最小值，然后开始迅速上升，从第 2 期开始财政收入的反应为正，并在第 4 期达到最大值 0.005，接着在第 4 期之后反应强度逐渐减弱，从第 7 期之后反应逐渐消退，大约在第 10 期之后削减为零，回归稳态水平。由于财政政策的时滞性等原因，在第 2 期之前表现为负效应，但总体来看，贸易开放的资源配置效应并通过带动投资和消费的增长，增加了财政收入。由图 7.4(d)可知，面对贸易开放 1%的正向冲击，总产出在一开始下降到一个值，然后从第 1 期后转为正效应，并在第 3 期达到最大值，随后缓慢地下降，在第 6 期至第 11 期转为负效应，在第 11 期之后转为小幅的正效应并缓慢消退至零。这表明随着贸易开放的增加，社会总的需求增加，企业的产能利用率上升，能够通过加速效应促进公共部门和私人部门投资的增长，再加上投资的乘数效应的作用，总收入进一步增长，总需求进一步扩张，最终表现为总产出的增加。

（三）方差分解分析

方差分解是计算各种结构性冲击对研究变量方差的贡献程度，从而进一步评价特定变量变化中的各种结构性冲击的相对重要性。由表 7.5 可以看出，财政收入冲击、总产出冲击、贸易冲击、生产性财政支出冲击、非生产性财政支出冲击的方差分解或波动贡献情况。

首先，由表 7.5 来看，财政收入冲击、贸易冲击、生产性财政支出冲击、非生产性财政支出冲击对总产出的方差分解或波动贡献情况。在第 1 期，对总产出贡献最大来自自身的冲击，达到 76.18%，另一个是财政收入的冲击达到 23.82%，而贸易、生产性财政支出、非生产性财政支出对总产出的贡献为零。然而，随着时间的推移，总产出自身的贡献率逐渐下降，而贸易、生产性财政支出、非生产性财政支出贡献率都有所上升，最终在第 20 期，对总产出波动的贡献从大到小依次为：总产出自身冲击为 55.58%，非生产性财政支出冲击为 25.72%，财政收入冲击为 11.90%，生产性财政支出冲击为 6.58%，对外贸易冲击为 0.22%，贸易自由化变量对总产出波动的贡献很小。

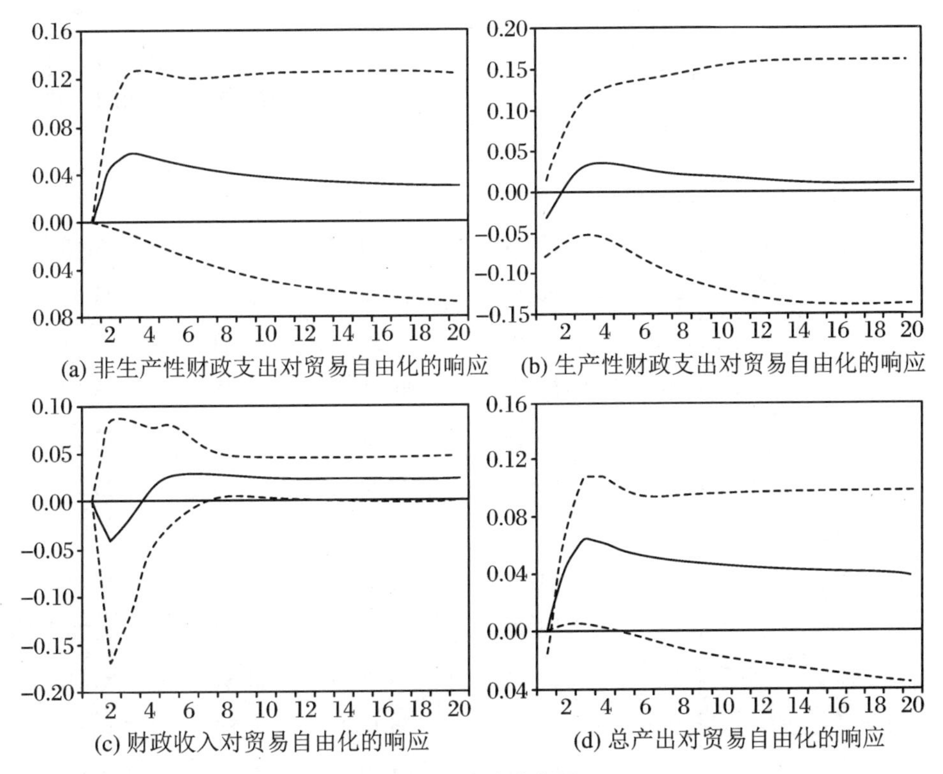

(a) 非生产性财政支出对贸易自由化的响应　(b) 生产性财政支出对贸易自由化的响应

(c) 财政收入对贸易自由化的响应　(d) 总产出对贸易自由化的响应

图 7.4　脉冲响应图

表 7.5　方差分解结果

滞后期	财政收入	总产出	贸易	生产性财政支出	非生产性财政支出
财政收入					
1	100.00	0.00	0.00	0.00	0.00
2	76.31	15.94	1.90	5.26	0.59
4	62.08	14.52	1.66	14.32	7.43
8	59.32	14.62	1.68	15.60	8.78
12	58.83	14.65	1.71	15.96	8.85
15	58.79	14.65	1.72	15.98	8.87
20	58.78	14.65	1.72	15.98	8.87

续表

滞后期	财政收入	总产出	贸易	生产性财政支出	非生产性财政支出
总产出					
1	23.82	76.18	0.00	0.00	0.00
2	12.73	67.57	0.00	0.02	19.69
4	11.76	58.81	0.02	2.95	26.45
8	11.83	55.90	0.18	6.38	25.71
12	11.90	55.62	0.21	6.54	25.73
15	11.90	55.59	0.22	6.57	25.72
20	11.90	55.58	0.22	6.58	25.72
贸易					
1	6.16	21.35	72.49	0.00	0.00
2	5.48	26.83	64.11	0.88	2.70
4	5.73	26.32	60.46	2.85	4.64
8	5.95	26.37	55.08	6.86	5.74
12	6.13	26.15	54.31	7.28	6.12
15	6.15	26.14	54.23	7.34	6.14
20	6.15	26.14	54.21	7.36	6.14
生产性财政支出					
1	0.00	5.58	4.87	89.55	0.00
2	0.15	11.54	6.22	79.27	2.82
4	1.17	13.20	7.78	73.21	4.65
8	1.54	13.98	8.01	71.60	4.87
12	1.64	13.96	7.98	71.38	5.04
15	1.65	13.97	7.98	71.36	5.05
20	1.65	13.97	7.98	71.35	5.05
非生产性财政支出					
1	30.39	44.13	0.18	0.70	24.59
2	26.40	45.25	0.74	6.70	20.91

续表

滞后期	财政收入	总产出	贸易	生产性财政支出	非生产性财政支出
4	25.35	45.26	0.72	7.20	21.48
8	25.21	44.94	0.73	7.49	21.63
12	25.20	44.92	0.73	7.52	21.63
15	25.20	44.92	0.73	7.52	21.63
20	25.20	44.92	0.73	7.52	21.63

其次，由表7.5来看，财政收入、总产出、贸易、生产性财政支出、非生产性财政支出对财政收入的方差分解或波动贡献情况。在第1期，财政收入的贡献完全来自自身的冲击。然而，随着时间的推移，财政收入的贡献率逐渐下降，而总产出、贸易、生产性财政支出、非生产性财政支出的贡献都有所上升，最终在第20期，对财政收入波动的贡献从大到小依次为：财政收入自身冲击为58.78%，总产出冲击为14.65%，贸易冲击为1.72%，生产性财政支出冲击为15.98%，非生产性财政支出冲击为8.87%，贸易自由化变动对财政收入波动的贡献较大。

再次，由表7.5来看，财政收入、总产出、贸易、非生产性财政支出对生产性财政支出的方差分解或波动贡献情况。在第1期，生产性财政支出的贡献主要来自生产性财政支出自身的冲击，为89.55%，总产出冲击对生产性财政支出波动的贡献达到5.58%，贸易的贡献达到4.87%。然而，随着时间的推移，生产性财政支出的贡献率逐渐下降，而财政收入、总产出、贸易、非生产性财政支出的贡献率都有所上升，在第20期时，对生产性财政支出波动贡献从大到小依次为：生产性财政支出自身的冲击为71.35%，总产出冲击为13.97%，贸易冲击的贡献为7.98%，非生产性财政支出冲击为5.05%，财政收入冲击为1.65%。

最后，由表7.5来看，财政收入、总产出、贸易、生产性财政支出对非生产性财政支出的方差分解或波动贡献情况。在第1期，非生产性财政支出的贡献主要来自总产出的冲击，为44.13%，财政收入对非生产性财政支出波动的贡献为30.39%，贸易的贡献为0.18%。随着时间的推移，在第20期，对非生产性财政支出波动贡献从大到小依次为：财政收入冲击为25.20%，总产出冲击为44.92%，贸易冲击为0.73%，贸易自由化对非生产财政支出波动的贡献很小。

（四）稳健性检验

在上述实证研究的结论中，通过以下两种方法来检验经验结论的说服力。一种是从样本中减少样本量，即在样本容量里，提取一部分样本进行SVAR检验，然后比较小样本下的测试结果与以上经验结论是否一致；另一种方法是增加变量，通过在以上SVAR模型中增加更多的变量来验证所感兴趣的经验结论是否成立还是已经发生改变。在本节对SVAR模型的实证结果进行稳健性检验时选取了两种方法。第一种方法是缩小样本来检验的方法，为此，选取了样本区间1992—2006年的数据，按照文中SVAR分析步骤和约束条件，得到贸易对生产性财政支出、非生产性财政支出、财政收入和总产出的动态变化过程。第二种方法是通过选取1978—2006年的数据，参照第一节中的分析步骤和约束条件，在原来所设定的SVAR模型中增加消费、投资、价格、利率变量，得出对外贸易额对生产性财政支出、非生产性财政支出、财政收入和产出的动态响应过程。结果发现它们与以上利用1992—2006年的相关年度的数据分析结果一致。这说明我们的实证结论具有一定的稳健性。

三、结论

通过对上述SVAR模型分析做了稳健性检验，得出结论如下：财政收入的增加会使总的消费下降，生产性财政支出的增加将增加总消费水平；财政收入减少社会总的投资，支出增加会导致社会总的投资下降。对于财政收入，短期内会增加，但长期会下降，在更长的时间段内，财政收入的增长将变为零。短期内财政支出的增加会提高短期利率，中长期内会出现下降，短期内政府生产性财政支出和非生产性财政支出的增加会使总体价格水平下降，中长期内价格水平会提高，但上升幅度较小，长期中趋于零。在此基础之上，作者通过1978—2006年的数据，利用SVAR模型分析中国的贸易自由化对生产性财政支出、非生产性财政支出、财政收入和总产出的效应进行了动态的考察，实证检验表明：面对贸易的冲击，非生产性财政支出受到负向的影响，生产性财政支出、财政收入和总产出的反应大体为正。简而言之，中国的贸易对非生产性财政支出、生产性财政支出、财政收入和总产出的经验特征为对外贸易额使总产出、生产性财政支出、财政收入得到提升。生产性财政支出、财政收入和总产出增加。其中，对外贸易明显增加生产性财政支出，这与发达市场经济国家存在差别，标准的Mundell-Flemming模型不能解释，由于在标准的Mundell-Flemming模型中，浮动汇率下，政府增加财政赤字会使利率上升，导致国外资本的净流入和实际利率的上升，上升的实际汇率会使出口下降、进口上升，贸易收益上的损失或贸易下降，这与我们的实证结论相悖，因此，从中国经济运行本身的特点来考察这个问题，作者推测可能有以下原因：中国的经济正处于起飞和发展时期，作为较为直接、相对有效的促进经济增长手段的政府财政支出举措，家庭的消费行为和厂商的生产行为具有较大的正外部性，正外部性的存在增加了政府支出，有助于扩大社会投资，提高社会总的收入水平，提高家庭部门消费水平。但是由于消费习惯稳态，短期内家庭消费变化并不大，为了进一步增加消费和投资，通过促进出口来销售供给多的产品，最终将会使贸易增加。因此，可以用政府支出的外部性和消费习惯两个移速来解释中国这一经验事实的重要因素。

本章小结

与发达国家相比，发展中经济体往往更依赖于进口关税，对外贸易税收在财政收入中发挥着重要作用，自1999年以后关税加进口环节税对中央财政的贡献始终保持在25%以上，是稳定的中央财政收入来源之一，贸易自由化过程中伴随着关税的削减，国内的税收结构也进行着调整。现有文献对贸易自由化与税收政策关系的研究，贸易自由化引起的国内税收的变化及其福利的变化，但大多采用静态分析方法。在梳理现有文献的基础上，建立一个能够反映贸易自由化和财政政策，包括家庭部门、厂商部门和政府部门的开放经济DSGE模型，通过求稳态和进行对数线性化，对模型中的参数及稳态值进行赋值，并进行随机数值模拟，得出面对1单位标准差的进口消费品关税、进口资本品关税以及进口中间品关税正向冲击，不同类型关税政策冲击时社会福利水平下降，居民消费量下降，家庭私人投资水平减少，进口中间品关税影响到厂商的资源配置行为；部分由于进口消费品关税因素的影响，进口消费品征税抑制居民消费水平的提升，不利于就业和资本利用率的增加，对总产出水平形成负向冲击，劳动力供给下降，中间品进口的价格上升，人民币实际有效汇率贬值，推动中间品进口价格上涨。

在宏观经济分析中，SVAR模型已经成为经验研究与实证分析的重要工具之一，应用在宏观经济波动、财政政策等相关经济问题的研究中。作者参照Blanchard和Perotti(2002)的做法，采用制度信息法，将SVAR框架中所包括的内生变量——财政支出、税收、GDP扩展到包括贸易自由化变量、非生产性财政支出变量、生产性财政支出变量、税收和总产出这5个变量，使用1978—2006年的贸易、财政收支和产出的数据资料，通过协整检验、脉冲响应分析和方差分解研究发现：贸易自由化、非生产性财政支出、生产性财政支出、税收和总产出之间至少有3个协整方程，即存在着稳定的平衡关系，面对贸易自由化的冲击，非生产性财政支出的反应大体为负，生产性财政支出、财政收入和总产出的反应大体为正。简而言之，中国的贸易自由化对非生产性财政支出、生产性财政支出、财政收入和总产出的经验特征为贸易自由化使生产性财政支出、财政收入和总产出增加，贸易自由化冲击对生产性财政支出冲击波动的贡献相对很大，贸易自由化冲击对财政收入的贡献也较大，该实证结论具有一定的稳健性。

第八章　总结、建议和展望

一、总结

本书依据国际贸易学、财政与税收学、动态宏观经济学、计量经济学等理论，借鉴相关研究成果，采用中国1978—2020年的时间序列数据，构建了贸易自由化影响财政政策内在机制的理论框架，分别采用协整检验、Granger因果检验、回归方法、DSGE模型、SVAR模型等，检验了贸易自由化是否促进财政政策的调整，贸易自由化促进财政政策调整的影响及福利问题。通过理论与实证分析，得出以下主要结论：

第一，经济发展的实践表明，贸易自由化伴随着财政政策的调整。从中国贸易自由化和财政政策实施的历史回顾，发现20世纪80年代之前指令性计划时期高度集中的对外贸易体制伴随着"统收统支"为特征的财政管理体制，20世纪80年代逐步下放外贸经营权伴随着财政政策的工商税减免、出口退税政策，20世纪90年代外贸体制的重大改革伴随着财政政策一系列对加工贸易、"三来一补"、外商投资企业的税收优惠，21世纪以来加入WTO以后的关税削减、贸易自由化的不断深化伴随着政府积极的财政政策。

第二，经验证据表明贸易自由化促进了财政收入和财政支出的变动。贸易自由化与财政收入、财政支出之间存在着长期的协整关系，贸易自由化是财政收入、财政支出变动或调整的原因，而财政支出变动并不是贸易自由化变动或调整的原因。贸易自由化通过劳动力市场就业情况、物质资本投入、人力资本投入、技术进步、制度因素等来促进财政政策的调整，贸易自由化对财政收入与财政支出正向的推动作用的影响路径由强到弱依次为：劳动力市场就业情况、物质资本投入、人力资本投入、技术进步和制度因素。

第三，国际贸易税收是财政收入中非常可靠和稳定的来源，与发达国家相比，发展中经济体往往更依赖于进口关税。中国海关代征进口关税和进口环节税收始终超过20%，是稳定的中央财政收入来源之一。关税税率的下降会导致进口关税收入的损失；关税税率的平方项为负且1%显著，表明由于"拉弗效应"存在收入最大化的关税税率，关税税率的增加会导致进口关税收益递减；进口税收收入的减少部分被增值税等间接税收收入所取代；随着企业所得税占GDP比重的增加，进口税收收入占GDP的比重也将增加。

第四，理论界关于贸易自由化对财政支出的影响存在截然相反的“效率假说”和“补偿假说”，本书研究支持“补偿假说”，随着贸易自由化的推进，外部风险增加，政府财政支出规模扩大；贸易自由化与经济建设支出、行政管理支出正相关，但对社会文教支出、国防支出的影响为负；财政分权与经济建设支出、社会文教支出、国防支出的影响负相关，但与行政管理支出的影响正相关；贸易自由化对经济建设支出的贡献率最大。

第五，关税的削减，带来了社会福利水平的下降、居民消费量降低、家庭私人投资水平减少，影响到厂商的资源配置、劳动力供给下降、中间品进口的价格上升、人民币实际有效汇率贬值，推动中间品进口价格上涨。贸易自由化使生产性财政支出、财政收入和总产出增加，相比财政收入，贸易自由化冲击对生产性财政支出冲击波动的贡献相对较大。财政收入的增加会使总的消费下降，生产性财政支出的增加将增加总的消费水平，财政收入减少社会总的投资。面对贸易的冲击，非生产性财政支出受到负向的影响，生产性财政支出、财政收入和总产出的反应大体为正。

二、建议

第一，利用好渠道变量促进贸易和财税发展。政府应该继续增大对劳动教育和培训的投入，提高工人的知识和技能水平，积极应对产业结构调整和就业提升。运用各种适当的手段调整投资结构，提高固定资本投资质量，扩大投资渠道来源。坚持自主创新能力建设，实施科教兴国战略，建立激励机制，提高政府公共财政支出的风险防控意识。提供稳定的宏观经济环境，继续推进贸易自由化。稳定的宏观经济环境、人均 GDP 的稳定增长和适当的汇率政策，能够降低经济风险，促进经济可持续发展。梳理大开放理念，进一步解放思想，优化思维，从宏观角度分析全球市场竞争环境，更加积极主动地参与市场竞争，从国家整体经济发展的角度国家和政府应考虑贸易开放的战略、定位，规划中国贸易自由化的战略。

第二，优化税制结构，加强财政收支管理。完善财政收支管理和预算制度，建立以人为本、以人们的幸福感和幸福程度为目标的政府绩效考核体系，使财政支出突破行业利益的局限与性能的局限，创造经济开放的积极效应，最大限度地发挥财政资金效益，将负面影响降到最小。在制定当年财政支出预算时，应该结合历年财政支出预算、财政分权情况、贸易自由化和当地经济增长进行综合权衡和考虑。优化税制结构，加强财政收支管理。在制定当年财政支出预算时，应结合历年财政支出预算、财政分权情况、贸易自由化和当地经济增长的水平综合加以权衡和考虑。减少对国际贸易税收的依赖，逐步过渡到国内直接税收和间接税收在一定范围的调整，税务部门应畅通增值税的各个扣除环节，拓宽增值税“零税率”覆盖面，根据企业类型和具体情况，制定不同的优惠政策，降低所得税边际税率或提高税前所得扣除额。

第三,继续加速推进开放经济下的贸易自由化。梳理大开放理念,进一步解放思想,优化思维,从宏观角度分析全球市场竞争环境,更加积极主动地参与世界市场,从国家整体经济发展的角度考虑贸易开放的战略、定位,规划中国贸易自由化战略。完善贸易开放产业基础设施,产业高端、技术创新、新兴产业集聚都是促进中国实体经济发展的根本动力,加强对全面深化改革开放的支持保证,不断优化开放的贸易环境,在新常态下,采取积极主动的态度迎接机遇与挑战,注重区域经济合作,积极参与全球经济治理。中国深化对外开放,倾向于更加开放自由的税收体系,促进贸易投资便利化,通盘考量贸易开放的加深、税率降低与税收收入的影响之间的关系,保持税收收入的稳定,为深化开放赢得支持。加大对跨境电商税收的征管,落实正面清单,搭建贸易额动态时间监控管理,对违法违规行为加大惩戒和处罚力度,创新跨境电商税收征管制度改革,精简流程,提升效率。加快推进各成员国 BEPS 公约签署步伐,推进区域税收协定一体化网络建设。如在自贸区建设中,要精简税费优惠形式,减少税收政策波动。

三、展望

本书的研究还存在一些不足和需要完善的地方,如下几个方面值得未来做进一步的深入研究:

一方面,变量指标的深化与增加。贸易自由化不仅表现为进出口关税水平的降低,还表现为非关税壁垒的削弱、把各种贸易歧视限制在一定程度范围内、发展中国家和不发达国家得到一些优惠的待遇、贸易自由化组织管辖的范围扩大等方面,本书主要分析了以关税削减为主要特征的贸易自由化,对于贸易自由化的其他方面没有涉及,考虑到配额、许可证等非关税壁垒数据的可获得性,在实际分析中只采用了产品进出口贸易额、净出口、关税等指标来测算贸易自由化,但是,配额、许可证、区域经济一体化组织的双重影响等都在一定程度上会影响发展中国家的贸易自由化程度,忽略了这些因素可能会给估计结果带来一定的偏差,在未来的研究中如能获得非关税壁垒数据进行实证分析,或许能够更为准确地研究相关结论。因此,收集配额、许可证等非关税壁垒的数据对本书研究的深入开展大有裨益。在本书的分析中,并未涉及用指标法、政府干预度指标来分析贸易自由化,在未来的研究中,可考虑展开分析检验。

另一方面,研究领域的深化。由于现实的财政政策工具更为丰富,如生产性财政支出、非生产性财政支出,特别是各种税收的计算指标和内容更为丰富,因此有关贸易自由化对财政政策调整方面的动态效应和福利变化的研究,可以结合更多的财政政策工具展开研究。同时,还可以基于局部均衡分析的视角,运用消费者剩余和生产者剩余来验证关税削减的国内福利问题,可以基于 CGE 模型分析关税削减对国内税特别是增值税对财政政策调整的福利效应问题，基于产品层面的微观数据如何看待出口或进口与政府的财政政策行为的联系，由于本书将主要精力放在贸易自由化对财政收入和财政支出两者的影响及福利问题方面，并且受到篇幅限制，没有对现实中丰富的财政政策工具和具体税收、税率进行更为深入的探究，希望日后能够继续开展这些方面的研究。

附录　参数估计与仿真程序

```
Var Ut ct ynt yxt hnt hxt knt kxt int ixt cmt cnt cxt vt pnt pxt pt wnt wxt rnt rxt Rt lambdat NXt Bt tauct tault tauknt taukxt tct txt tvt;

varexo etatc etatx etatv;

parameters beta sigma theta gamma bm bx bn mu psi m deltax etax alpha deltan etan gm gn rho phi rn rx wn wx p pn c yn yx cm cn cx kn hn hx kx v Gm Gn in ix Tn U;

beta=0.95;
sigma=3;
theta=0.34;
gamma=0.782;
bm=0.35;
bx=0.15;
bn=0.5;
mu=0.37;
psi=1.35;
m=0.55;
deltax=0.1;
etax=3;
alpha=0.23;
deltan=0.1;
etan=3;
gm=0.2;
gn=0.2;
tauc=0.1284;
taul=0.0585;
taukx=0.2463;
taukn=0.2463;
tv=0.1;
```

```
tx=0.1;
tc=0.1;

dn=deltan^(1/etan);
dx=deltax^(1/etax);

rn=1/(1-taukn)*(1/etan*(1/beta-1)*deltan^((1-etan)/etan)+deltan^(1/etan)-taukn*deltan);
rx=1/(1-taukx)*((1+tx)*(1/etax*(1/beta-1)*deltax^((1-etax)/etax)+deltax^(1/etax))-taukx*deltax);
wn=(1-alpha)*(alpha/rn)^(alpha/(1-alpha));

param=[m, psi, mu, rx, tv];
x=[0.1 0.1];
options=optimoptions('fsolve', 'Display', 'iter');
[xx, fval]=fsolve(@(x) get_fkv(x, param), x, options);
fk=xx(1);
fv=xx(2);

wx=mu*((m*fk^(1-psi)+(1-m)*fv^(1-psi))^(1/(1-psi)))^((1-mu)/mu);
q=(wx/wn)/((bm^(1/gamma)*(1+tc)^((gamma-1)/gamma)+bx^(1/gamma)+bn^(1/gamma)*(wx/wn)^((gamma-1)/gamma))^(gamma/(gamma-1)));
p=((bm^(1/gamma)*(1+tc)^((gamma-1)/gamma)+bx^(1/gamma))/(1-bn^(1/gamma)*q^((gamma-1)/gamma)))^(gamma/(gamma-1));
pn=p*q;
c =1/((1-theta)/theta*(1+tauc)/(1-taul)*1/(q*wn)+mu/wx*(bx^(1/gamma)*p^(1/gamma)+bm^(1/gamma)*((1+tc)/p)^(-1/gamma))/(1-gm-dx*fk-fv)+(1-alpha)/wn*bn^(1/gamma)*q^(-1/gamma)/(1-gn-dn*alpha/rn));
yn=bn^(1/gamma)*q^(-1/gamma)/(1-gn-dn*alpha/rn)*c;
yx=(bx^(1/gamma)*p^(1/gamma)+bm^(1/gamma)*((1+tc)/p)^(-1/gamma))/(1-gm-dx*fk-fv)*c;
cm=bm^(1/gamma)*((1+tc)/p)^(-1/gamma)*c;
cn=bn^(1/gamma)*q^(-1/gamma)*c;
cx=bx^(1/gamma)*p^(1/gamma)*c;
kn=alpha/rn*yn;
```

```
hn = (1 - alpha)/wn * yn;
hx = mu/wx * yx;
kx = fk * yx;
v = fv * yx;
Gm = gm * yx;
Gn = gn * yn;
in = dn * kn;
ix = dx * kx;
lambda = (theta * (c^theta * (1 - hx - hn)^(1 - theta))^(1 - sigma))/((1 + tauc) * p * c);
Tn = 1/pn * (tauc * p * c + taul * (pn * wn * hn + wx * hx) + taukn * (rn - deltan) * pn * kn + taukx * (rx - deltax) * kx + tc * cm + tx * ix + tv * v - Gm - pn * Gn);
U = 1/((1 - sigma) * (1 - beta)) * (c^theta * (1 - hx - hn)^(1 - theta))^(1 - sigma);

model;
Ut = 1/(1 - sigma) * (ct^theta * (1 - hxt - hnt)^(1 - theta))^(1 - sigma) + beta * Ut(+1);
knt = (1 - deltan) * knt(-1) + knt * (int/knt)^etan;
kxt = (1 - deltax) * kxt(-1) + kxt * (ixt/kxt)^etax;
cmt/ct = bm^(1/gamma) * ((1 + tct)/pt)^(-1/gamma);
cnt/ct = bn^(1/gamma) * (pnt/pt)^(-1/gamma);
cxt/ct = bx^(1/gamma) * (pxt/pt)^(-1/gamma);
pt = (bm^(1/gamma) * (1 + tct)^((gamma - 1)/gamma) + bn^(1/gamma) * pnt^((gamma - 1)/gamma) + bx^(1/gamma) * pxt^((gamma - 1)/gamma))^(gamma/(gamma - 1));
(1 + tauct) * lambdat * pt * ct = theta * (ct^theta * (1 - hxt - hnt)^(1 - theta))^(1 - sigma);
(1 - tault) * pnt * wnt/((1 + tauct) * pt) = (1 - theta)/theta * ct/(1 - hxt - hnt);
pnt * wnt = pxt * wxt;
(int/knt)^(1 - etan) = beta * (lambdat(+1) * pnt(+1)/(lambdat * pnt)) * (etan * ((1 - tauknt(+1)) * rnt(+1) + tauknt(+1) * deltan) + ((int(+1)/knt(+1))^(1 - etan) * ((1 - deltan) + (1 - etan) * ((int(+1)/knt(+1))^etan))));
(ixt/kxt)^(1 - etax) = beta * lambdat(+1)/((1 + txt) * lambdat) * (etax * ((1 - taukxt(+1)) * rxt(+1) + taukxt(+1) * deltax) + (1 + txt(+1)) * (ixt(+
```

```
1)/kxt(+1))^(1-etax)*((1-deltax)+(1-etax)*(ixt(+1)/kxt(+1))^
etax));
    Rt=beta*lambdat(+1)/lambdat;
    ynt=knt^alpha*hnt^(1-alpha);
    yxt=hxt^mu*((m*kxt^(1-psi)+(1-m)*vt^(1-psi))^(1/(1-psi)))^
(1-mu);
    alpha*ynt=rnt*knt;
    (1-alpha)*ynt=wnt*hnt;
    mu*yxt=wxt*hxt;
    (1-mu)*m*pxt*yxt*kxt^(-psi)=rxt*(m*kxt^(1-psi)+(1-m)*
vt^(1-psi));
    (1-mu)*(1-m)*pxt*yxt*vt^(-psi)=(1+tvt)*(m*kxt^(1-psi)+
(1-m)*vt^(1-psi));
    tauct*pt*ct+tault*(pnt*wnt*hnt+pxt*wxt*hxt)+tauknt*(rnt-
deltan)*pnt*knt+taukxt*(rxt-deltax)*kxt+tct*cmt+txt*ixt+tvt*vt=
Gm+pnt*Gn+pnt*Tn;
    ynt=cnt+int+Gn;
    NXt+Bt=Rt*Bt(+1);
    NXt=pxt*yxt-pxt*cxt-cmt-ixt-v-Gm;
    yxt=yx;
    tauct=tauc;
    tault=taul;
    tauknt=taukn;
    taukxt=taukx;
    log(tct)-log(tc)=rho*(log(tct(-1))-log(tc))+etatc;
    log(txt)-log(tx)=rho*(log(txt(-1))-log(tx))+etatx;
    log(tvt)-log(tv)=rho*(log(tvt(-1))-log(tv))+etatv;
    end;

    initval;
    Ut=U;
    ct=c;
    ynt=yn;
    yxt=yx;
    hnt=hn;
    hxt=hx;
    knt=kn;
```

```
kxt = kx;
int = in;
ixt = ix;
cmt = cm;
cnt = cn;
cxt = cx;
vt = v;
pnt = pn;
pxt = 1;
pt = p;
wnt = wn;
wxt = wx;
rnt = rn;
rxt = rx;
Rt = beta;
lambdat = lambda;
NXt = 0;
Bt = 0;
tauct = tauc;
tault = taul;
tauknt = taukn;
taukxt = taukx;
tct = tc;
txt = tx;
tvt = tv;
end;

shocks;
var etatc = 0.01^2;
var etatx = 0.01^2;
var etatv = 0.01^2;
end;

stoch_simul(irf = 40, order = 1, periods = 100000, drop = 400).
```

参考文献

蔡伟贤，踪家峰，2008. 外商投资、贸易开放度与中国财政支出结构[J]. 财经研究(8)：88-96.

程凌，2007. 统一内外资企业所得税率对税收及社会福利的影响：基于 CGE 的分析[J]. 数量经济技术经济研究(10)：67-80.

程子建，2011. 增值税扩围改革的价格影响与福利[J]. 财经研究(10)：4-14.

陈浪南，罗融，赵旭，2016. 开放型经济下财政政策效应的实证研究[J]. 数量经济技术经济研究 33(2)：95-112.

陈利锋，2014. 累进性劳动所得税、失业波动与内生稳定器：一个动态新凯恩斯主义的视角[J]. 产经评论 5(3)：148-160.

陈伟忠，黄炎龙，2011. 最优财政和货币政策及其福利效应分析[J]. 经济评论(6)：41-53.

崔小勇，龚六堂，2011. 两部门内生增长模型中财政政策的短期分析[J]，系统科学与数学(2)：144-162.

俄林，1986. 地区间贸易和国际贸易[M]. 北京：商务印书馆.

高凌云，毛日昇，2011. 贸易开放、引致性就业调整与我国地方政府实际支出规模变动[J]. 经济研究 46(1)：42-56.

龚六堂，2002. 动态经济学方法[M]. 北京：北京大学出版社.

郭飞，李卓，王飞，等，2006. 贸易自由化与投资自由化互动关系研究[M]. 北京：人民出版社.

郭杰，李涛，2009. 中国地方政府间税收竞争研究：基于中国省级面板数据的经验证据[J]. 管理世界(11)：54-64.

赫尔普曼，克鲁格曼，2009. 市场结构与对外贸易：报酬递增、不完全竞争和国际经济[M]. 尹翔硕，尹翔康，译. 上海：上海人民出版社.

何国华，张龙翔，2013. 贸易开放度对中国最优货币政策规则选择的影响[J]. 经济与管理研究(7)：77-85.

胡兵，陈少林，乔晶，2013. 贸易开放对地方政府支出规模影响的实证研究[J]. 国际贸易问题(8)：38-50.

黄赜琳，朱保华，2015. 中国的实际经济周期与税收政策效应[J]. 经济研究 50(3)：4-17.

克鲁格曼，2001. 克鲁格曼国际贸易新理论[M]. 黄胜强，译. 北京：中国社会科学出版社.

拉迪，2002. 中国融入全球经济[M]. 北京：经济科学出版社.

李嘉图，1976. 政治经济学及赋税原理[M]. 北京：商务印书馆.

李建军，肖育才，2011. 经济开放对地方财政收入规模及结构的影响实证分析[J]. 公共管理学报 8(3)：53-63.

李斯特，陈彪如，2014. 福利经济学评述[M]. 北京：商务印书馆.

李玉双，2015. 大国财政政策的宏观经济效应[M]. 上海：上海人民出版社.

梁红梅,2014.中国消费、劳动和资本收入有效税率估算研究[J].中央财经大学学报(12):3-12.
林峰,2015.地区贸易开放、财政支出扩张与中国贸易差额联动[J].当代财经(9):99-107.
刘斌,2014.动态随机一般均衡模型及其应用[M].北京:中国金融出版社.
罗知,2011.贸易自由化与贫困:来自中国的数据[M].北京:人民出版社.
马克思,2004.资本论:第一卷[M].北京:人民出版社.
马克思,2004.资本论:第三卷[M].北京:人民出版社.
马勇,陈雨露,2014.经济开放度与货币政策有效性:微观基础与实证分析[J].经济研究 49(3):35-46.
潘珊,龚六堂,2015.中国税收政策的福利成本:基于两部门结构转型框架的定量分析[J].经济研究 50(9):44-57.
彭定贇,王磊,2013.财政调节、福利均等化与地区收入差距:基于泰尔指数的实证分析[J].经济学家(5):21-28.
平新乔,梁爽,郝朝艳,等,2009.增值税与营业税的福利效应研究[J].经济研究 44(9):66-80.
萨缪尔森,1999.宏观经济学[M].16 版.萧琛,译.北京:华夏出版社.
施蒂格勒,1996.产业组织和政府管制[M].潘振民,译.上海:上海人民出版社.
斯密,1974.国民财富的性质和原因的研究[M].郭大力,王亚南,译.北京:商务印书馆.
宋其超,2003.国外就业促进财政的财政政策及借鉴[J].中央财经大学学报(3):14-16.
苏国灿,童锦治,黄克珑,2016.我国消费税税率与征税环节的改革及其福利效应分析:以烟、酒和成品油为例[J].财政研究(9):19-29.
唐琳,王云清,胡海鸥,2016.开放经济下中国汇率政策的选择:基于 Bayesian DSGE 模型的分析[J].数量经济技术经济研究(2):113-129.
托雷斯,2015.动态宏观经济一般均衡模型入门[M].刘斌,译.北京:中国金融出版社.
王晖,张顺明,周睿,等,2016.个人收入税和消费税政策分析:基于 CGE 视角[J].系统工程理论与实践 36(1):27-43.
王俊豪.2001.政府管制经济学导论:基本理论及其在政府管制实践中的应用[M].北京:商务印书馆.
王立勇,袁子乾,纪尧,2021.贸易开放与财政政策波动性[J].经济研究 56(2):89-105.
王洛林,2009.宏观经济效应及前景分析[M].北京:经济管理出版社.
王文甫,2010.价格粘性、流动性约束与中国财政政策的宏观效应:动态新凯恩斯主义视角[J].管理世界(9):11-25.
王文甫,2013.财政政策的就业效用研究[M].成都:西南财经大学出版社.
王文甫,2015.中国政府支出宏观效应及其传导机制研究[M].北京:经济科学出版社.
威肯斯,2011.宏观经济理论动态一般均衡方法[M].段鹏飞,刘安禹,吴德燚,译.大连:东北财经大学出版社.
武晓利,2014.税收政策调整对居民消费和就业的动态效应研究[J].财经论丛(11):25-32.
希尔,莫斯那,2015.动态一般均衡建模:计算方法与应用[M].刘斌,贾彦东,译.北京:中国金融出版社.
肖皓,赵玉龙,祝树金,2014.金融业"营改增"福利效应的动态一般均衡分析[J].系统工程理论与实践 34(S1):75-82.
严成樑,龚六堂,2010.我国税收的经济增长效应与社会福利损失分析[J].经济科学(2):69-79.

严成樑,龚六堂,2012.最优财政选择:从增长极大化到福利极大化[J].财政研究(10):16-19.

严成樑,龚六堂,2012.税收政策对经济增长影响的定量评价[J].世界经济 35(4):41-61.

杨灿明,孙群力,2008.外部风险对中国地方政府规模的影响[J].经济研究 43(9):115-121.

杨灿明,詹新宇,2016.中国宏观税负政策偏向的经济波动效应[J].中国社会科学(4):71-90.

杨小凯,张永生,2001.新贸易理论、比较利益理论及其经验研究的新成果:文献综述[J].经济学(季刊)(1):19-44.

姚明霞,2009.中国政府财政支出的福利评价[J].财政研究(11):27-30.

余斌,张俊伟,2014.新时期我国财政、货币政策面临的挑战与对策[M].北京:中国发展出版社.

张二震,马野青,2003.国际贸易学[M].南京:南京大学出版社.

张通,2009.中国财政政策与经济、社会发展[M].北京:经济科学出版社.

张佐敏,2015.福利规则与政策效果研究[M].北京:科学出版社.

朱军,2015.中国宏观 DSGE 模型中的税收模式选择及其实证研究[J].数量经济技术经济研究 32(1):67-81.

朱玉荣,2014.经济全球化背景下转轨国家贸易自由化研究:以中国和俄罗斯为例[M].北京:中国社会科学出版社.

Alesina A, Rodrik D, 1994. Distributive Politics and Economic Growth[J]. Quarterly Journal of Economics 109(2):465-490.

Alesina A, Perotti P, 1996. Fiscal Adjuestment in OECD Countries: Composition and Macroeconomic Effect[Z]. NBER Working Paper.

Alesina A, Wacziarg R, 1998. Openness, Country Size and Government[J]. Journal of Public Economics 69(3):305-321.

Arrow K J, Kruz M, 1972. Public Investment, the Rate of Return and Optimal Fiscal Policy [J]. Earl A. Thompson Econometrica 40(6):1174-1176.

Aschauer D A, 1989. Is Public Expenditure Productive? [J]. Journal of Monetary, Credit and Banking 23(1):177-200.

Barro R J, 1981. Output Effects of Government Purchase[J]. Journal of Political Economy, 89(6):1086-1121.

Barro R J, 1990. Government Spending in a Simple Model of Endogenous Growth[J]. Journal of Political Economy 98(1):103-105.

Baumol J, Panzar J C, Robert D, 1982. Contestable Markets and the Theory of Industry Structure[M]. New York: Harcourt Brace Jovanovich.

Baxter M, King R G, 1993. Fiscal Policy in General Equilibrium[J]. The American Economic Review 83(3):315-334.

Berndt E R, Hansson B, 1992. Measuring the Contribution of Public Infrastructure Capital in Sweden[J]. Scand. J. of Economic 94(1):151-168.

Bhattarai K, 2011. General Equilibrium Impacts of Monetary and Fiscal Policies on Welfare of Households in South Asia[J]. Review of Development Economics 15(4):745-757.

Bryant R C, Zhang L, 1996. Intertemporal Fiscal Policy in Macroeconomic Models: Introduction and Major Alternatives[Z]. Brookings Institution Working Papers.

Burnside C, Eichenbaum M, Fisher J, 2004. Fiscal Shocks and Their Consequences[J]. Journal of Economic Theory 115(1):89-117.

Cameron K, 1978. Measuring Organizational Effectiveness in Institutions of Higher Education [J]. Administrative Science Quarterly 23(5):604-632.

Canzoneri M, Collard F, Dellas H, 2012. Withering Government Spending Multipliers[J]. Journal of Money Credit and Banking 44(s2):185-210.

Cashin P, 1995. Government Spending, Taxes and Economic Growth[J]. Palgrave Macmillan Journal 42(2):237-269.

Cattaneo A, Hinojosa-Ojeda R A, Robinson S, 1999. Costa Rica Trade Liberalization, Fiscal Imbalance and Macroeconomic Policy: A Computable General Equilibrium Model[J]. North American Journal of Economics and Finance 10(1):39-67.

Chamley C, 1986. Optimal Taxation of Capital Income in General Equilibrium with Equilibrium with Infinite Lives[J]. Econometrica 54(3):607-622.

Chen S H, Guo J T, 2014. Progressive Taxation and Macroeconomic Instability with Utility-Generating Government Spending[J]. Journal of Macroeconomics 42(5):174-183.

Correia I, Farhi E, 2013. Unconventional Fiscal Policy at the Zero Bound. American Economic Review 103(4):1172-1211.

Creedy J, 1999. The Risk and Fall of Walras's Demand and Supply Curves[J]. Manchester School 67(2):192-202.

Crivelli, Ernesto, 2016. Trade Liberalization and Tax Revenue in Transition: an Empirical Analysis of the Replacement Strategy[J]. Eurasian Economic Review 6(1): 1-25.

Dreher A, 2006. The Influence of Globalization on Taxes and Social Policy: An Empirical Analysis for OECD Countries[J]. European Journal of Political Economy 22(1):179-201.

Duane S, 2016. The New Political Economy of Taxation in the Developing World[J]. Review of International Political Economy 23(2):185-207.

Edge R M, Rudd J B, 2007. Taxation and the Taylor Principle[J]. Journal of Monetary Economics 54(8):2554-2567.

Eiko K, Ubota K, 2005. Fiscal Constraints, Collection Costs and Trade Policies. Economics & Politics 17(1):129-150.

Elida L, Tonin K, 2010. Fiscal Reform and Trade Liberalization Process[J]. CEA Journal of Economics 5(2):17-24.

Epifani P, Gancia G, 2009. Openness, Government Size and the Terms of Trade[J]. Review of Economic Studies 76(2):629-668.

Forni L, Monterforte L. Sessa L, 2009. The General Equilibrium Effects of Fiscal Policy: Estimates for the Euro Area[J]. Journal of Public Economics 94(3/4):559-585.

Frank B, Ashish V, 2002. A Regional Analysis of Openness and Government Size[J]. Applied Economics Letters 9(1):289-292.

Gali J, Lopez-Salido J D, Valles J, 2007. Understanding the Effects of Government Spending on Consumption[J]. Journal of the European Economic Association 5(1): 227-270.

Gali J, Monacelli T, 2008. Optimal Monetary and Fiscal Policy in a Currency Union[J]. Journal of International Economics 76(1):116-132.

Benarroch M, Pandey M, 2012. The Relationship between Trade Openness and Government Size: Does Disaggregating Government Expenditure Matter? [J]. Journal of Macroeconomics 34(1):239-252.

Gaalya M S, 2015. Trade Liberalization and Tax Revenue Performance in Uganda[J]. Modern Economy 6(2):228-244.

Garrett G, 1995. Capital, Mobility, Trade and the Domestic Politics of Economic Policy[J]. International Organization 49(4): 657-689.

Glomn G, Baier S L, 2001. Long Run Growth and Welfare Effects of Public Policies with Distortionary Taxation[J]. Journal of Economic Dynamics and Contro 25(2):2007-2042.

Glomn G, 2003. Inequality, Majority Voting and the Resdistributive Effects of Public Education Funding[J]. Pacific Economic Review 9(2):93-101.

Guo J T, Lansing K J, 1998. Indeterminacy and Stabilization Policy[J]. Journal of Economic Theory 82(2):481-490.

Gomez M A, 2006. Optimal Consumption Taxation in a Model of Endogenous Growth with External Habit Formation[J]. Economics Letters 93(3):427-435.

Beladi H, Chao C C, Laffargue J P, 2005. Tariff and Consumption Tax Reforms in a Developing Tourism Economy[J]. Journal of International Trade & Economic Development 24(6): 822-834.

Hassan M K, Naka A, 1996. Short-run and Long-run Dynamic Linkages among International Stock Market[J]. International Review of Economics & Finance 5(4):387-405.

Helmut A, 2010. Gillman and Max, Flat Tax Reform: The Baltics 2000-2007[J]. Journal of Macroeconomics 32(2):692-708.

Hendricks L, 1999. Taxation and Long-run Growth [J]. Journal of Monetary Economics 43(2):411-434.

Hicks A M, Duane H S, 1992. Politics, Institutions and Welfare Spending in Industrialized Democracies, 1960-82[J]. The American Political Science Review 86(3): 658-674.

Ida B, Nita R, 2016. Trade Liberalization and the Challenges of Revenue Mobilization: Can International Financial Institutions Make a Difference? [J]. Review of International Political Economy 23(2):261-289.

Imrohoroglu S, 1998. A Quantitative Analysis of Capital Income Taxation[J]. International Economic Review 39(2):207-328.

Fuster L, Imrohoroglu A, Imrohoroglu S, 2008. Altruism, Imcomplete Markets and Tax Reform[J]. Journal of Monetary Economics 55(1):65-90.

Jetter M, Parmeter C F, 2015. Trade Openness and Bigger Governments: The Role of Country Size Revisited[J]. European Journal of Political Economy 37(1):49-63.

Jones L E, Manuelli R E, Rossi P E, 1993. Optimal Taxation in Models of Endogenous Growth[J]. Journal of Political Economy 101(3):485-517.

Creedy J, 1998. The Welfare Effect on Different Income Groups of Indirect Tax Changes and Inflation in New Zealand[J]. Economic Record 74(227):373-383.

Judd K L, 1985. Short-Run Analysis of Fiscal Policy in a Simple Perfect Foresight Model[J].

Journal of Political Economy 93(2):298-319.

Kamps C, 2007. Dynamic Scoring in an Estimated DSGE Model of the US Economy[Z]. Manuscript, European Central Bank.

Kaufman R R, Segura-Ubiergo A, 2001. Globalization Domestic Politics and Social Spending in Latin America: a Time-Series Cross-Section Analysis, 1937-97[J]. World Politics 53(1): 553-587.

Keen M, Ligthart J E, 2002. Coordinating Tariff Reduction and Domestic Tax Reform[J]. Journal of International Economics 56(2):489-507.

Keen M, Ligthart J E, 2005. Coordinating Tariff Reduction and Domestic Tax Reform under Imperfect Competition[J]. Review of International Economics 13(2):385-390.

Keen M, Mansour M, 2010. Revenue Mobilisation in Sub-Saharan Africa: Challenges from Globalisation in Trade Reform[J]. Development Policy Review 28(5):553-571.

Khattry B, 2003. Trade Liberalization and the Fiscal Squeeze: Implications for Public Investment[J]. Development & Change 34(3):401-424.

Kittel B, Winner H, 2005. How Reliable is Pooled Analysis in Political Economy? The Globalization-welfare State Nexus Revisited[J]. European Journal of Political Research 44(1): 269-293.

Klei P, Rios-Rull J V, 2003. Time-consistent Optimal Fiscal Policy[J]. International Economic Review 44(4):1217-1245.

Klein P, Krusell P, Rios-Rull J V, 2008. Time-consistent Public Policy[J]. Review of Economic Studies 75(3):789-808.

Kosempel S, 2004. Finite Lifetimes and Government Spending in an Endogenous Growth Model[J]. Journal of Economics and Business 56(1):197-210.

Kollmann R, 2004. Welfare Maximizing Monetaryand Fiscal Rules[J]. Computing in Economics and Finance 2004 from Society for Computational Economics 102(1):24-42.

Kollmann R W, Veld J, 2012. Fiscal Policy in a Financial Crisis: Standard Policy Versus Bank Rescue Measures[J]. The American Economic Review 102(3): 77-81.

Lambert T E, Coomes P A, 2001. An Evaluation of the Effectiveness of Louisville's Enterprise Zone[J]. Economic Development Quarterly 15(2):168-180.

Leeper E M, Walkerand C S, 2009. Government Investment and Fiscal Stimulus in the Short and Long Runs[Z]. NBER Working Paper.

Leeper M M, Traum N, 2010. Dynamic of Fiscal Financing in the United State[J]. Journal of Econometrics 156(2):304-321.

Linnemann L, Schabert A, 2003. Fiscal Policy in the New Neoclassical Synthesis[J]. Journal of Money Credit and Banking 35(6): 911-929.

Lowell G, Rchard V, 2002. The Impact of Transfer Payment on Economic Growth: John Stuart Mill Versus Ludwig Von[J]. The Quarterly Journal of Austrian Economics 5(1): 57-65.

Lubik T A, Schorfheide F, 2005. A Bayesian Look at the New Open Economy Macroeconomics[C]. NBER Macroeconomics Annual 20(1):316-366.

Lucas R J, 1976. Econometric Policy Evalution: a Critique[C]. Carnegie-Rochester Conference Series on Public Policy 1(1):19-46.

Lucas R E, Stokey N L, 1983. Optimal Fiscal and Monetary Policy in an Economy without Capital[J]. Journal of Monetary Economics 12(1):55-93.

Lucas R E, 1990. Trade Policy and Market Structure[J]. Journal of Political Economy 98(3): 664-668.

Lucas R E, 2003. Macroecnomic Priorities[J]. American Economic Review 93(1):1-14.

Macera A P, Divino J A, 2015. Import Tariff and Exchange Rate Transmission in a Small Open Economy[J]. Emerging Markets Finance & Trade 51(1):61-79.

Mattesini F, Rossi L, 2012. Monetary Policy and Automatic Stabilizers: The Role of Progressive Taxation[J]. Journal of Money 44(5):825-862.

Mendoza E G, Tesar L L, 1998. The International Ramifications of Tax Reforms: Supply-side Economics in a Global Economy[J]. American Economic Review 88(1): 226-245.

Mendoza E G, Martin U, 1999. Devalution Risk and the Syndrome of Exchange-Rate-Based Stabilizations[Z]. NBER Working Papers.

Michael B D, Allen C H, Beverly J L, 1996. Monopolistic Competition, Increasing Returns and the Effects of Government Spending[J]. Journal of Money, Credit and Banking 28(2): 233-254.

Mitchell P R, Sault J E, Wallis K F, 2000. Fiscal Policy Rules in Macroeconomic Models: Principles and Practice[J]. Economic Modelling 17(2):171-193.

Mountford A, Uhlig H, 2009. What are the Effects of Fiscal Policy Shocks? [J]. Journal of Applied Econometrics 24(6):960-992.

Nahar B, Siriwardana M, 2013. Trade Opening, Fiscal Reforms, Povertyand Inequality: A CGE Analysis for Bangladesh[J]. The Developing Economies 51(2):145-185.

Nancy L S, Rebelo S, 1995. Growth Effects of Flat-Rate Taxes[J]. Journal of Political Economy 103(31):519-550.

Natvik G J, 2009. Government Spending and the Taylor Principle[J]. Journal of Money, Credit and Banking 41(1):57-77.

Nelly E, 2016. Trade Liberalization Trigger Tax Competition? Theory and Evidence from OECD Countries[J]. World Economy 40(1):88-115.

Ogawa Y, Ono Y, 2015. Partial Replacement of Protective Tariffs by Production Subsidies and Welfare[J]. Economic Record 91(294):300-308.

Ortigueira S, 1998. Fiscal Policy in an Endogenous Growth Model with Human Capital Accumulation[J]. Journal of Monetary Economics 42(2): 323-355.

Pelzman J, Shoham A, 2006. De-linking the Relationship Between Trade Liberalization and Reduced Domestic Fiscal Budgets: The Experience of the Israeli Economy: 1984-2005[J]. Global Economy Journal 6(3):1-49.

Perez J J, Hiebert P, 2004. Identifying Endogeous Fiscal Policy Rules for Macroeconomic Models[J]. Journal of Policy Modeling 26(8/9):129-150.

Perotti P, 2005. Estimating the Effects of Fiscal Policy in OECD Countries[Z]. CEPR Discussion Paper.

Piggot J, Whalley J, 1982. General Equilibrium with Public Production and Public Provision: Compu tation and Results for the U.K. Case[J]. Zeitschri ft fur Nati onalokonomie 2(1): 1-26.

Rabanal P, Rubio-Ramirez J F, 2006. Comparing New Keynesian Models of the Business Cycle: a Baysian Approach[J]. Journal of Monetary Economics 52(6): 1151-1166.

Ram R, 2009. Openness, Country Size and Government Size: Additional Evidence from A Large Cross-Country Panel[J]. Journal of Punlic Economics 93(1): 213-218.

Ramey V, Shapiro M, 1998. Costly Capital Reallocation and the Effects of Government Spending[J]. Carnegie-Rochester Conference Series on Public Policy 48(1): 145-194.

Ramey V, 2011. Identifying Government Spending Shocks: it's All in the Timing[J]. The Quarterly Journal of Economics 126(1): 1-50.

Ratto M, Roeger W, Veld J, 2009. Fiscal Policy in an Estimated Open-economy Model for the Euro Area[J]. Economic Modeling 26(1): 222-233.

Ratner J B, 1983. Government Capital and the Production Function for U. S[J]. Economic Letters 13(1): 213-217.

Robalino D A, Warr P G, 2006. Poverty Reduction through Fiscal Restructuring: An Application to Thailand[J]. Journal of the Asia Pacific Economy 11(3): 249-267.

Rodrik D, 1998. Why Do More Open Economies Have Bigger Governments? [J]. Journal of Political Economy 106(5): 997-1032.

Samuelson P A, 1947. Foundations of Economic Analysis[M]. Cambridge: Harvard University Press.

Sajadifar S, 2012. The Effects of Labor Wage Tax Reform on the Iran Economy: A Computable General Equilibrium Model Approach [J]. African Journal of Business Management 6(25): 7459-7468.

Schorfheide F, 2000. Loss Function-based Evaluation of DSGE Models[J]. Journal of Applied Econometrics 15(6): 645-670.

Shahe E M, Stiglitz J E, 2005. On Selective Indirect Tax Reform in Developing Countries[J]. Journal of Public Economic 89(4): 599-623.

Schabert L L, 2003. A Fiscal Policy in the New Neoclassical Synthesis[J]. Journal of Money, Credit and Banking 35(6): 911-929.

Schmitt-Grohe S, Uribe M, 2004. Optimal Fiscal and Monetary Policy under Imperfect Competition[J]. Journal of Macroeconomics 26(2): 183-209.

Schmitt-Grohe S, Uribe M, 2005. Optimal Fiscal and Monetary in a Medium-scale Macroeconomic Model[C]. NBER Macroeconomics Annual 20(1): 383-425.

Schorfheide F, 2011. Estimation and Evaluation of DSGE Models: Progress and Challenges [Z]. NBER Working Paper.

Seelkopf L, Lierse H , Schmitt C, 2016. Trade Liberalization and the Global Expansion of Modern Taxes[J]. Review of International Political Economy 23(2): 208-231.

Sims C A, 2001. Solving Linear Rational Expectations Models[J]. Computational Economics

20(1): 1-20.

Smets F, Wouters R, 2003. An estimated Dynamic Stochastic General Equilibrium Model of the Euro Area[J]. Journal of the European Economic Association 1(5): 1123-1175.

Stephanie S G, Martin U, 2012. Managing Currency Pegs[J]. American Economic Review 102(3): 192-197.

Suliman K M, 2005. The Impact of Trade Liberalization on Revenue Mobilization and Stability in Sudan[J]. African Development Bank 5(1): 20-23.

Taylor J B, 1993. Discretion Versus Policy Rules in Practice[J]. Carnegie-Rochester Conference Series on Public Policy 93(1): 195-214.

Thomas B, Michael K, 2010. Tax Revenue and or? Trade Liberalization[J]. Journal of Public Economics 94(9/10): 563-577.

Toh M H, Lin Q, 2005. An Evaluation of the 1994 Tax Reform in China Using a General Equilibrium Model[J]. China Economic Review 16(3): 246-270.

Tom C, Andrew L, 2004. Inequality and Two Decades of British Tax and Benefit Reforms[J]. Fiscal Studies 25(2): 129-158.

Turnovsky S J, 1990. The Effect of Taxes and Dividend Policy on Capital Accumulation and Macroeconomic Behavior[J]. Journal of Economic Dynamics and Control 14(3): 491-521.

Uhlig H, 1995. A Toolkit for Analyzing Nonlinear Dynamic Stochastic Models Easily[Z]. Center for Economic Economic Research Discussion Paper.

Vasilev A, 2015. Welfare Gains from the Adoption of Proportional Taxation in a General-equilibrium Model with a Grey Economy: the Case of Bulgaria's 2008 Flat Tax Reform[J]. Econ Change Restruct 48(1): 169-185.

后　记

本书是作者根据自己的博士论文整理而成的。近年来我国国际贸易的新发展、新变化给我们理论研究提供了丰富的素材。光阴荏苒，回顾当年博士求学过程中，导师曹亮教授视野广阔、治学严谨、思维敏捷、处世谦和使我受益匪浅，他全心全意为教育、一心一意为学生的工作态度是我终生学习的榜样。同时，感谢我的硕士生导师王平教授，王老师乐观旷达、平和积极的人生态度一直深深影响着我，并将让我继续受益。

感谢中南财经政法大学工商管理学院各位领导和老师，特别是黄汉民教授、张建民教授、张华容教授、钱学锋教授、席艳乐副教授、罗尚秀老师、王秀英老师和张相文教授的教诲。感谢博士同学们一直以来的鼓励和帮助。感谢淮北师范大学贾敬全教授，合肥学院陈江华教授、杨学春教授，最后特别感谢我的家人一直以来对我的支持和奉献，爱与责任是我不断前进的源泉动力。

由于本人的学术水平有限，书中疏漏之处难免，敬请读者批评指正！

李　丹

2022 年 4 月 6 日